KB046684

2등 바이오를 위한 지침서

이 도서의 국립중앙도서관 출판예정도서목록(CIP)은 서지정보유통지원시스템 홈페이지
(http://seoji.nl.go.kr)와 국가자료공동목록시스템(http://www.nl.go.kr/kolisnet)에서 이
용하실 수 있습니다. CIP제어번호: CIP2017022719

2등 바이오를 위한
지침서

정교민 지음

차례

차례

독자들에게

:

2등 바이오를 위하여

이 책의 아이디어는 한국국제협력단KOICA의 콜롬비아 지원에 참여하라는 제안에서 시작되었다. 그러나 과제 참여는 불발되었다. 나이가 많은 탓인지, 그들과 같이 일하는 멤버가 아니기 때문인지 탈락한 이유는 알 수 없었다. 그러니 나만 제외되었다고 생각한다.

강한 것이 살아남는 것이 아니라, 살아남는 것이 강한 것이라고 한다.

나는 한때 하고 싶은 것만 선택하고도 살아갈 수 있는 상승장 경제 상황에 살기도 했다. 1992년 태평양화학(현재 아모레

퍼시픽)을 그만두고, 바이오 분야 컨설팅을 시작했다. 그렇지만 2010년에 출간했던 자서전 『정교민의 바이오(생명공학)』에서도 컨설팅과 관련된 기업체의 성공과 실패 사례를 소개할수 없었다. 기업체의 애로 사항이나 개선 방향을 전문지에 몇번 발표했을 뿐이다. (공부하느라 바쁜 나는) 자신들의 사고 범위 이상을 상상할 수 없는 사람들에게 나를 보여주기 위한 행동은 하지 않았다. 이런 소극적인 행동으로 바이오 본게임에직접 참여하지 않은 채 아웃사이더로 25년을 보냈다.

〈누들로드〉(국수 요리의 유래와 발전을 소개한 6부작 KBS 다큐멘터리)나 〈슈퍼피쉬〉(인류와 물고기와의 연관성을 분석한 5부작 KBS 다큐멘터리), 〈태아〉(2013년 4월 3D 영화로 소개된 KBS 다큐멘터리), 쑹훙빙宋鴻兵의 『화폐전쟁, 진실과 미래』(2007)(각국 화폐 시스템을 음모론에 근거해 해석한 내용으로, 중국 CCTV에서 이를 토대로 다큐멘터리 제작) 등 훌륭한 창작물이 나오고 있다.

2011년 미국 정부는 부작용 등으로 중단된 의약품의 새로운 용도를 찾는 연구 과제에 착수했다. 췌장암을 저렴하게 진단하는 방법을 개발한 잭 안드라카 Jack Andraka의 나이는

15세였고, 2012년 인텔 국제과학기술경진대회Intel ISEF에서 최고상을 수상했다. 마틴 블레이저Martin Blaser는 *Missing Microbes* [국내에서는 『인간은 왜 세균과 공존해야 하는가』(2014)로 출간]에서 헬리코박터 파일로리Helicobacter pylori는 건강에 유용한 세균이라고 주장했다. 외국에서는 싱싱한 아이디어의 수혈이 계속되고 있다.

1995년생 영국 젊은이 닉 댈로이시오Nick D'Aloisio가 개발한 앱 아이디어 섬리Summly는 지금도 계속되고 있는 바이오 관련 신문 기사를 40자 내로 줄여 한 줄로 정리하는 것과 무엇이 다른가? 나는 (진정한 나의 벤처를 기다리면서) 10개 이상의 데이터베이스를 운영하고 있다.

한국에서 2등은 살아남을 수 없다.

과연 한국의 바이오는 성공하는 길로 들어섰는가? 만족스럽지 못하다. 아니, 한국 바이오는 2등이다. 이유는 2등이 해야 할 일을 모르기 때문에 수혈 대신 (기득권을 놓치지 않으려는) 요행만 반복하고 있다.

2014년 4월 세월호, 2015년 메르스 등 대형 사고가 계속되고 있다. 사고가 나면 분주해진다. 당면한 문제를 근본적으로 해결하지 못하고, 임시방편의 땜질식 수단으로 상황을 모면하려고 해, 사고는 여전히 반복된다.

아직도 돼지 농장에서 풍겨나는 고약한 냄새가 고속도로를 덮고 있고, 매년 발생하는 적조에 대한 대응 방법은 무작정 황토물만 바다에 쏟아붓는 것이다. 드디어 "MIT 모델을 따라하면 안 된다"라는 주장이 나왔다(이정동, 2015: 143). 2014년 6월에 이르러서야 신약을 개발할 능력이 부족하다고 시인했고, 그간의 정책들을 뒤엎기 시작했다. 대학생들의 취업 자리 마련은 그들의 안중에 없다.

2등을 극복하려면 2등에 합당한 새로운 시각이 필요하다.

생물은 생명을 지니고 있기 때문에 무생물과 구분된다. 나아가 생물학은 인간의 합리적 사고로는 이해하기 어려운 행동을 보여주는, 상상 밖의 현상을 추적·관찰하는 학문이다. 이처럼 바이오는 기존의 생물에서 유래된 제품을 포함한, 사람과 접촉하는 모든 것이라고 나는 정의한다.

2부로 구성된 이 책은 1부에서 바이오의 특성을, 2부에서는 2등의 특성과 문제점을 검토한 뒤 2등 바이오가 극복해야 할 사항을 짚어본다. 아울러 취업과 연계해 직업 범위도 검토한다. 이 책에서 다루는 범위는 연구, 개발, 생산이 중심이 되며, 유통 또는 교역 등에는 비중을 두지 않았다.

둘째, 무엇을 연구·개발해야 할 것인가? 바이오도, 사업도 생명이 있어, 유행을 따르고 수명도 갖는다. 따라서 사업 아이템을 직접 소개하지는 않는다. 그러나 궁금할 것이기 때문에 추후 발표할 '해답 편'을 통해 대안을 소개하려 한다. 또한 이 두 권의 책을 통합해 영어 번역본을 제작할 계획이다.

셋째, 바이오는 없어지지 않는 산업이라는 것이 가장 큰 장점이다. 유망 산업은 없다. 그 대신 유망 기업만 존재한다.

바이오 분야를 전공하지 않은 사람이 『정교민의 바이오(생명공학)』를 읽을 때 이해하기 어려웠다고 지적했다. 내용을 상세히 소개할 수는 있지만, 책이 두꺼워진다. 따라서 다른 책을 통해 개념을 이해한 뒤 이 책을 읽어볼 것을 권한다.

DNA 자동분석장치와 관련해 와다和田 프로젝트를 진행하

지 못해 인간 게놈 프로젝트 참여율이 6%에 그친 일본 과학계를 원망한 일본의 경제 저널리스트 기시 노부히토^{岸宣仁}의 『ゲノム敗北』[우리나라에서는『게놈전략 패배에 압박당하는 일본』(2004)으로 출간]와 같이 나도 당신들의 무능함을 향해 크게 소리 질러보고 싶다.

1부

바이오의 특성

CHAPTER

·····················

1

바이오 40년

1. 바이오 용어의 진화

재조합 의약품인 인슐린을 상품화한 제넨테크Genentech는 1980년 10월 4일 공모를 시작했다. 공모 당일 주가는 35달러에서 시작해 89달러까지 급등한 후 71달러로 마감되었다. 이로써 바이오는 유전공학genetic engineering으로 탄생했다.

1980년대의 유전공학 기술은 유전자재조합recombination, 세포융합cell fusion, 핵 치환nuclear transfer 기술로 대표된다. 인터페론interferon, 조혈호르몬erythropoietin, 성장호르몬growth hormone 등 의 약품, 단일클론항체monoclonal antibody, PCRpolymerase chain reaction을 이용하는 진단 방법, 농업 분야에서 유통기간이 길어진 플래브 세이브Flavr Savr 같은 토마토와 해충 저항성을 갖춘 'MON 810' 옥수수 등 GMOgenetically modified organism 품종이 대표적이다. 이후 제약업은 정밀 화학 범주에서 바이오로 전환되었고, PCR을 이용한 범죄 수사 기법은 법의학 분야에서 확고한 위치를 차지하고 있다.

1990년대에는 바이오테크Biotech라는 용어로 변화되었다. 잉여 수정란으로부터 배아줄기세포를 제작하는 줄기세포 기술로 복제 양 돌리Dolly가 탄생했고, 이러한 동물 복제 기술은 애완동물을 복제하는 산업으로 발전했다. 대규모 DNA 염기 서열 분석법이 개발되어 2000년 5월, 인간 유전체 초안이 발표되었다. 항암항체 치료제 리툭산Rituxan, 허셉틴Herceptin, 천식 치료제 졸레어Xolair 등 10여 개의 블록버스터 신약이 개발되었다.

그러다가 벤처 투자에 대한 거품dot-com bubble이 꺼지면서 농작물에 동해freezing를 일으키는 세균의 빙핵단백질ice nucleation protein을 제거한 동해 방지용 미생물 제제 프로스트밴Frostban과 이 단백질의 농도를 높인 스노맥스Snomax 제품이 모두 사라졌다.

이와 같이 20세기 말까지는 '가능성 제시 기간'이었다.

21세기 들어 국제 통상과 국제 협약이 증가하면서 경제학, 법학 등이 바이오 분야에 접목되기 시작했고, 과학기술이 융합되는 추세에 맞춰 바이오도 6T 중 하나인 BT로 표현되었다.

블록버스터 신약의 숫자가 줄어들고, 의료 혜택의 확대를 위해 약가를 낮추고자 가격 압박이 심화되었으며, 치료 방법과 기술이 발전하고 인수합병M&A을 포함한 심각한 변화가 제약업에서 나타났다. 화학-에너지 산업 분야에서 바이오에탄올 등 바이오에서 유래한 연료와 생분해 플라스틱을 생산하게 되었다. 따라서 바이오가 구체화되자 2000년대 바이오산업bio-industry에서는 화학-에너지 산업 분야를 화이트바이오white-bio, 의약품을 비롯해 재생의학, 의료 산업을 아울러 레드바이오red-bio, 농업 분야를 그린바이오green-bio라고 표현하게 되었다.

그러나 2008년의 세계 경제위기는 피해갈 수 없었다.

2009년 3월, 선두이기는 했지만 1등이 되지 못했던 제넨테크는 로슈Roche에 흡수되었다. 1980년대에 유능한 과학자들이 설립한 미국의 네 개 벤처기업 중 시터스Cetus, 제넥스Genex와 프랑스의 트랜스진Transgene이 사라졌다. 카이런Chiron은 2006년 노바티스 그룹 내의 백신·진단 사업Novartis Vaccines & Diagnostics에 합병되었다. 현재 바이오젠Biogen만이 2003년 합병 과정을 거쳐 바이오젠 아이덱Biogen-Idec으로 유일하게 생존해 있다.

해외 관광지에서 휴양하면서 피부 주름, 지방 제거, 가슴 확대 등의 성형수술과 모발 이식, 치아 교정, 양악 등의 수술을 동시에 진행하는 의료 관광을 비롯해 빅데이터big-data, 원격의료, 수술 로봇, 개인의 특성에 따른 맞춤형 항암제나 3D 프린트 이식 재료, 외골격 슈트suit 등의 맞춤형 개념, 필요한 것을 직접 만드는 메이커MAKER, 스마트 휴대전화 애플리케이션으로 자가 진단하는 셀프모니터self-monitor, 인공지능AI 닥터 왓슨Dr. Watson 등 개념이 도입되어 의료 분야가 확장되면서 의대 교과 과정도 변화했고, 바이오 화학의 활성화로 2010년대 바이오 경제bio-economy의 시장 규모는 확대되었다. GMO에 대한 대중의 인식이 개선되지 않은 상태에서 DIYdo-it-yourself 생명공학을 포함한 합성생물학 분야로 변신하고 있으며, 크리스퍼CRISPR-Cas 9 시스템을 활용하는 유전자 편집genome editing 기술은 작물 육종을 넘어 새로운 도약을 예고하고 있다. 바이오 바코드, 바이오컴퓨터, 바이오 배터리가 시험 단계를 넘어서고 있다.

용어의 진화를 살펴보면 그림과 같다.

| 용어의 진화

연도	산업 용어	의약품	화학	에너지	농업	식품	환경
이전	정밀 화학	의약품	화학 물질		농약	식품 첨가물	
1980	유전공학						
	수혈 기술	유전자재조합, 세포융합, MAb, 단백질공학, PCR			GMO		
1990	바이오 테크놀로지						
	수혈 기술	줄기세포 재생 의학 의료 산업	바이오에탄올 바이오디젤		동물 복제 유전자 편집		
2010	바이오 인더스트리	Red-Bio	White-Bio		Green-Bio		

* 환경 분야에서는 아직까지 돌파구가 나타나지 않고 있다.

수혈 기술에 의해 용어가 진화되고 있으며, 표에서 볼 수 있듯이 10년의 주기를 나타내고 있다. 진화라고 부를 만큼 실험 방법의 발전도 엄청나다.

1984년 필자가 미국에서 연수할 때, DNA 염기 서열 해독은 하루에 300염기를 읽는 것이 세계에서 제일 빨랐다. 2009년에 10만 달러였던 인간 유전체 해독 비용은 2017년 현재 1000만 달러에 도달했다.

현장에서 미생물을 검출하는 시약과 반응시킨 다음, 스마트폰에 연결해 미생물의 병원성을 판단하는 검출 장비를 뉴질랜드 오타고 대학교에서 개발했다(*Newshub*, 2016.8.26).

또한 세포나 조직을 살아 있는 상태로 관찰하는 현미경도 개발되고 있다. 연구용 키트 상품도 판매되고 있으며, 해양동물의 생태를 관찰하는 카메라critter cam, 드론과 연계한 헬리캠heli-cam 등 소형 카메라, 초고속 카메라가 내셔널지오그래피National Geography와 BBC 등에서 개발하고 도입한 촬영 시스템, 위성추적 장치의 개발을 돕는 장비의 연구 지원 산업 분야에서도 경쟁이 치열하다.

2. 바이오의 범위

위장관 수술을 받은 후 나타나는 치명적인 재발성 대장염을 치료하기 위해 다른 사람의 대변을 이식하는 방식이 세계적으로 확산되고 있다[이를 대변 이식faecal microbiota transplantation이라고 한다]. 대변 기증자의 조건은 최근에 항생제를 복용하지 않았고 알레르기나 자가면역 질환이 없으며, 해외여행을 다니지 않고 스트레스가 적으며, 또한 꾸준히 운동하는 건강한 사람이어야 한다. 따라서 비싼 금액에 거래되고 있다(정교민, 2016).

벨기에 루벤 대학교의 마크 슈라이버Mark Shriver는 DNA로 혈액 주인의 몽타주를 작성했다(Claes et al., 2014). 이러한 기술을 활용해 홍콩의 시민 단체 HK 클린업HK Cleanup은 2015년 5월 20일 지구의 날 행사로 길거리 쓰레기에서 추출한 DNA를 통해 쓰레기 무단 투기자 27명의 얼굴을 복원해 거리 광고판에 게시했다(≪조선일보≫, 2015년 5월 22일 자) 위암을 유발한다고 알려진 헬리코박터 파일로리는 장내에 필요한 세균이다(블레이저, 2014). 기생충 단백질 구조가 알레르기 단백질 구조와 비슷하므로, 기생충을 접종해 알레르기나 천식을 치료한다(≪사이언스타임스≫, 2015년 11월 16일 자).

이와 같이 1등 연구에는 흥미와 용기가 들어 있다.

2등은 선두 주자가 범한 실수를 피하면서, 이미 형성된 시장을 따라가면 된다. 그러나 이런 시도는 또 다른 경쟁자도 파악하고 따라오기 때문에 자칫하면 넛크래커nutcracker 상태에 놓일 수 있다. 2등은 1등이 느낄 수 있는 재미를 포기해야만 한다.

2등 바이오에게 적합한 일이나 사업은 과연 무엇일까? 다음 사례를 통해 바이오의 범위부터 확장해보자.

사례 1 유행과 세계화

세계화의 대표적인 사례가 옷이다. 자신이 입고 있는 셔츠를 누가 만들었는지도 모르면서 자기 것으로 여기고 있다(세들라체크, 2012). 브랜드 명품을 인터넷으로 직접 구매하고, 여가를 즐기며, 구글 안경으로 당뇨 상태도 진단한다. 장을 건강하게 만들어 소화 능력과 면역력을 향상시키는 유산균이나 비피더스균Bifidobacterium 등 프로바이오틱스probiotics가 유행하고 있다.

1970년대에 시작된 시험관 아기는 불임 부부에게 희망을 주었고, 선진국의 평균수명은 40세에서 70세로 늘어났다. 1998년에 시판된 비아그라Viagra는 해피 드러그happy drug 시장을 개척했고, 피부 주름이나 지방을 제거하고 가슴을 확대하는 성형수술이 노화 방지anti-aging보다 웰 에이징well aging, 웰 다잉well dying 등 '웰'을 강조하는 웰빙well-being 시대를 주도하고 있다. 현재는 사회의 지속적인 발전을 생각하는 생활 패턴 중하나인 로하스LOHAS: lifestyles of health and sustainability 시대다.

해외 관광지에서 휴양하면서 성형수술과 모발 이식, 치아교정, 양악 등 수술을 받는 의료 관광이나, 의사를 직접 만나지 않은 상태에서 의료 서비스를 받는 원격진료, 스마트폰의 애플리케이션을 활용하는 건강관리, 웨어러블wearable 기기 등 새로운 서비스 산업에서의 경쟁이 가속화되고 있다. 지문, 홍

채, 손바닥 정맥, 목소리 등 생체 인식 시스템은 현관문door lock, 전자 여권, 피선거권자 확인에 활용되고 있다.

건강과 장수에 대한 욕심으로 유기농이나 자연산 채소로 만든 음식이 각광받고 있다. 그러나 2011년 독일 레스토랑에서 유기농으로 재배한 콩의 새싹을 섭취한 손님에게서 발견된 장출혈성 대장균 감염은 전국으로 확대되어 3700명의 환자가 발생하고 이중 44명이 사망해, 유기농이나 자연식도 안전하지 않다는 것을 보여주었다. 또한 민물고기 섭취에 따른 간흡충 감염은 널리 알려져 있지만, 자연산을 맹신하거나 습관적으로 민물고기를 섭취하기 때문에 세계적으로 간흡충 감염은 근절되지 않고 있다.

미국에서는 성인의 3분의 1이 비만이므로, 미국 정부는 매년 비만 예방에 170조 원을 투입하고 있다. 채소와 과일로 식단을 채운 학교 급식 프로그램도 그중 하나다. 2013년 6월 미국의학협회American Medical Association는 비만을 질병으로 선언했다. 각국 정부도 비만 대책을 수립해 운영하고 있다. 헝가리 정부는 2011년 9월 탄산음료와 에너지 음료, 설탕·소금이 많이 들어간 식품에 비만세를 부과했으나, 부과 대상이 의학적이지 않고 정치적이어서 지금까지 효과는 보고되지 않고 있다.

유럽의약청EMEA: European Medicines Agency은 세로토닌serotonin 재흡수를 억제하는 비만 치료제 리덕틸Reductil(성분은 시부트라민sibutramine)에 혈압을 높이고 심장박동 수를 증가시키는 부작용이 있어 2010년 1월 사용을 금지했고, 이후 세계적으로 사용이 금지되었다.

소금 농도가 낮은 저염 식품이 도입되고 있으며, 비만인 사람을 위한 자동차 좌석과 안전벨트, 그랜드 킹 사이즈grand king size 매트리스, 빅 사이즈 좌식 변기, 빅 사이즈 여성 의류 등이 생겨났다.

마약·알코올·니코틴 중독과 같이 비만도 탄수화물이나 과당 중독으로 알려져 있다. 음식을 곱빼기나 라지 사이즈로 주문하는 과식은 GLP-1 호르몬이 낮아져 발생한다(Robin, 2015).

중독은 뇌의 특정 부위의 기능이 변화해 악화되는 질병으로, 알코올, 담배, 필로폰, 아편, 코카인 등 물질 중독chemical addiction과 스마트폰, 인터넷 게임, 도박, 경마, 섹스, 도벽, 쇼핑 등 행위 중독behavioral addiction으로 구분한다.

카트리지 속 용액을 가열해 수증기 형태의 순수한 니코틴을 흡입하는 전자담배는 담뱃재나 꽁초가 없고 간접흡연의 피해도 적다는 이점이 있으나, 중독성은 잡지 못했다. 미국 몇몇 주에서는 마리화나를 의료용으로 사용하도록 판매를 허용하고 있다.

사례 2 세계화의 부작용

온몸이 가려워 미국 캘리포니아 대학교 샌디에이고 캠퍼스 어린이병원에 온 11세 소년은 매일 애플사의 아이패드를 사용했었다. 소년을 치료하고, 아이패드에 케이스를 씌워 사용하도록 하자 가려움증은 재발하지 않았다. 니켈 코팅에 의한 알레르기로 가려움증이 발생한 것이었다(Sharon and Admani, 2014). 이와 같은 니켈 알레르기는 목걸이 착용으로도 발생하는 등 이미 오래전부터 알려져 있다.

손에서 한시도 휴대전화를 떼지 않은 채 생활하는 현대에는 거북목 증후군 환자가 늘어나고 있으며, 동시에 어느 곳에서나 통화할 수 있도록 설치된 중계 시설에서 발생하는 전자파 때문에 전자파 민감증 환자도 늘어나는 추세다. 2015년 10월 프랑스 법원은 휴대전화 알레르기gadget allergy로 일상생활이 어려워진 마린 리샤르Marine Richard에게 3년간 매달 580파운드를 지불하라고 판결했다. 전자파로부터 피난할 수 있는, 전자파 자유 지대white zone가 점점 줄어들고 있다. 대표적인 전자파 자유 지대는 프랑스 펠아레Pailharès 지역이다.

세계화로 지역 특성도 사라지고 있다. 구체적인 내용은 78쪽의 경쟁·대체 제품에서 소개할 것이다.

사례 3 생체 모방

주변 환경과 비슷한 색상으로 자신을 숨기는 청개구리나 카멜레온의 보호색은 군대에서 군복이나 위장술로 활용되고 있고, 박쥐가 초음파를 이용해 날아다니는 것에 착안해 레이

더가 개발되었다.

1948년 스위스의 조르주 드 메스트랄George de Mestral은 엉겅퀴 씨앗에서 벨크로velcro 제품을 발명했다. 또한 소금쟁이가 물 위에 떠 있게 하는 초발수super hydrophobic 현상을 활용한 코팅 방법은 가방, 우산, 샴푸에 적용되었다. 2000년 시드니 올림픽에서 이언 소프Ian Thorpe가 착용해 신기록 수립에 공헌한 상어 비늘을 모방한 전신 수영복은 2010년부터 국제대회에서 착용이 금지되었다. 방탄용 실크silk, 수직 벽을 자유자재로 오르내리는 도마뱀붙이gecko의 발판에서 착안한 게코 테이프, 혈전을 억제하는 거머리의 히루딘hirudin, 피를 빼는 모기의 침을 모방한 무통 주사 바늘 등 생체 모방 기술은 많은 분야에서 활용되고 있다. 짐바브웨 출신인 믹 피어스Mick Pearce는 짐바브웨 하라레Harare에서 관찰한 흰개미집의 환기 시스템을 활용해 이스트게이트 쇼핑센터Eastgate Shopping Center를 설계했다.

해파리 에쿼리아 빅토리아Aequorea victoria의 녹색 형광 단백질green fluorescent protein은 유전자가 발현되는 위치를 확인하거나 암세포의 전이 과정을 관찰하거나 형광색 실을 생산하는 누에 등에 활용되는데, 이를 연구한 캘리포니아 대학교 샌디에이고 분교의 로저 첸Roger Tsien 교수, 보스턴 대학교의 시모무라 오사무下村脩 교수, 컬럼비아 대학교의 마틴 챌피Martin Chalfie 교수는 2008년에 노벨화학상을 받았다.

사례 4 미생물

화장실 변기보다도 전화 송·수화기와 휴대전화, 사무실 책상, 컴퓨터 키보드, 엘리베이터 버튼 등에서 더 많은 세균과 바이러스(미생물)가 검출된다. 지하철 손잡이, 현금 자동 입출금기ATM 버튼, 쇼핑 카트 손잡이, 에스컬레이터 손잡이, 지폐, 음식물 쓰레기 수거함 등 곳곳에 미생물이 존재한다.

단체 생활, 빈번한 여행으로 구제역, 조류독감, 홍역 등의 전염병과 항생제 내성super bacteria 결핵의 확산 속도가 매우 빨라지고 있다. 2014년 8월 8일 WHO는 서부 아프리카에서 급속도로 퍼지고 있는 에볼라 바이러스에 대해 세계적 공중보건 비상사태public health emergency of international concern를 선포했다.

민간 부문에 활용할 목적으로 개발된 기술이 군사 목적으로 이용되는 것을 이중 활용dual-use 기술이라고 하는데, 이중에는 조류인플루엔자avian influenza와 같은 생화학 테러(생물무기) 가능성이 있는 바이러스도 포함된다. 생물무기가 될 수 있는 조류인플루엔자, 탄저병 등 미생물 54종과 독소 13종 등 총 67종이 '생물무기금지협약Biological Weapon Convention'에 따라 관리되고 있으며, 국가 간 이동이 제한되고 있다. 아즈텍Aztec 제국과 잉카Inca 제국을 멸망시키고 20세기에만 3억 명을 사망시킨 천연두 바이러스는 백신 사용으로 지구상에서 사라져 1980년 5월 8일 WHO 제33차 총회에서 천연두 퇴치를 선언했지만, 생물무기의 대상으로 남아 있다.

사람 체중의 10%는 미생물로 이루어져 있다. 머리, 피부는 물론이고 입안, 대장에 많은 미생물이 존재하며 이 미생물들이 건강을 관리하므로, 미생물은 가족의 생활환경에 따라 형성되는 (심장과 같은) 기관organ이다.

미생물은 포도주, 맥주 등 미생물을 이용하는 발효 산업의 원재료인 동시에 오염되거나 부패되면 식품·위생 면에서 위험을 초래하므로, 미생물 오염을 극복해야 한다.

소나무 밭에서 자라는 송이버섯은 공생symbiosis 관계를 보여준다. 발효 산업도 공생을 기반으로 하지만, 연구는 이제 시작 단계에 들어섰다.

사례 5 물과 물 산업

생명 현상과 생물학에서 물은 매우 중요하다.

댐이나 표면 아래 적수 관개subsurface drip irrigation는 가장 중요한 농업을 지속 가능하게 한다. 바닷물을 담수화해 식수로 사용하는 공장과 함께, 먹는 물을 공급하는 상수도 외에도 생수·정수기 등 물 관련 산업이 활발하다. 빗물, 지하수, 하수 처리나 여과 등 물을 재활용하거나 가격 조정 등을 통해 수자원을 확보하는 과정에서 국제분쟁도 증가하고 있다.

19세기 후반, 도시마다 배설물을 정화하거나 염소 처리한 깨끗한 상수를 이용한 덕에 콜레라, 장티푸스 등 수인성전염병의 발생 빈도가 낮아졌다. 1950년대에 항생제가 도입되어 평균수명이 48세에서 67세로 연장되었다. 백신 발견과 안전한 식수 공급 등 과학기술의 발전으로 5세 이하 아동의 사망률이 급격히 줄어들었다.

대부분의 바이오 관련 서적에서 물과 물 산업을 언급하지 않는다. 그러나 가뭄·홍수, 녹조·적조는 식량 공급에 영향을 끼친다. 습지, 갯벌 등 생태계의 공존을 위한 물은 식량과 함께 안보의 대상이다.

탄소발자국과 동일한 개념으로, 일상생활에서 사용하는 제품을 생산·소비하는 데 필요한 물의 양인 물 발자국을 유네스코 산하 국제구조수리환경공학연구소IHE: International Institute for Hydraulic and Environmental Engineering에서 산출했다(Mekonnen and Hoekstra, 2010). 이 보고서를 근거로 주요 농산물의 물 발자국은 사과 300g 1개에 210리터, 쌀 1kg에 3400리터, 보리 1kg에 1300리터, 밀 1kg에 1300리터, 콩 1kg에 1800리터, 감자 1kg에 900리터, 옥수수 1kg에 900리터, 돼지고기 1kg에 4800리터, 닭고기 1kg에 3900리터, 달걀 60g에 1개 200리터라고 하며, 우유 한 잔에 255리터, 커피 한 잔에 132리터, 피자 한 판에 1260리터라고 한다(JTBC 뉴스, 2015년 11월 12일).

식량 안보

식량 안보의 사전적 의미는 인구 증가, 천재지변에 의한 재난, 전쟁 등에 대비해 얼마간의 식량을 항상 확보해두는 것이다.

선물거래에 따른 거품의 위험으로 주기적인 식량 위기가 초래되고 있다. 지금까지 보고된 식량 위기는 1950년대의 가뭄과 1970년대의 화재, 2010년 러시아의 곡물 수출 억제에서 비롯된 위기 등이 있다. 한편 바이오 연료 생산에 옥수수가 사용되어, 사료용 옥수수와 콩 가격도 오르고 있다.

중국, 인도 등 신흥국에서 빠르게 경제가 성장하면서 식량 소비가 증가해 농산물 가격이 상승하고 있다. 농산물 가격이 급등하면 일반 물가도 동반 상승한다. 이를 애그플레이션 agflation이라 한다. 이러한 가격 변동성price volatility은 곡물의 선물거래에 따라 조정되기도 한다. 또한 선진국들은 개발도상국의 농지를 구매·임대하는 면적을 늘려 이와 같은 상황에 대처하고 있다. 가격 변동성은 빈곤 국가에 더 심각한 위기를 초래한다. 기아 퇴치 활동은 세계식량계획World Food Program의 주도로 이루어지고 있으나, 문제를 해결하기는 쉽지 않다.

한편 여전히 수요보다 농산물의 공급이 많고, 농산물은 대부분 선물 형태로 거래되기 때문에 국제 농산물 가격은 내려가고 있다. 가격 경쟁력이 떨어져 수익성이 낮아지면 생산을 포기하게 된다.

2012년 1419만 톤의 설탕을 생산한 중국은 브라질, 인도에 이어 세계 3위의 설탕 생산 국가가 되었다. 중국에서의 설탕 생산량은 1980년대 이후 꾸준히 증가하고 있다. 그러나 인건비 상승, 사탕수수 농가의 영세성, 정부의 지원 부족, 관세를 포함해도 저렴한 수입 설탕 가격 등으로 중국 내의 사탕수수 생산 농가는 급격히 줄어들고 있다(중국 상무부, 2014).

2013년 필리핀은 제2의 코코넛 생산 국가로서 코코넛 오일을 매년 14억 리터씩 생산해 수출하거나 바이오디젤bio-diesel에 활용했지만, 경작지가 감소하면서 생산량이 떨어져 태국이나 인도네시아 등 후발 국가에 밀리고 있다(노한상, 2013).

단일 품종의 재배는 작물의 전염병 확산 위험을 초래한다. 18세기에 아일랜드 기근Irish Famine을 불러온 곰팡이 피토프토라속Phytophthora은 감자 역병의 원인으로, 현재에도 매년 감자 60억 달러, 콩 20억 달러어치의 손실을 입히고 있다. 대책은 감자 옆에 아보카도를 재배하는 것이지만, 아보카도의 재배 면적도 감소하고 있다(*EurekAlert!*, 2013.2.6).

1960년까지 바나나의 재배 품종은 그로 미셸Gros Michael이었다. 그러나 바나나 역병 때문에 캐번디시Cavendish 품종으로 대체되었고, 영양조직 배양에 따른 무성생식 방법으로 재배 면적이 급속도로 확대되었다. 그러나 유전적 다양성이 줄어든 캐번디시 품종에 곰팡이 푸사리움 옥시스포룸Fusarium oxysporum이 일으키는 전염병이 2014년부터 확산되고 있다.

또한 음지에서 자라는 커피가 대량 재배로 직사광선에 노출되면서 재배 온도가 상승해 곰팡이 헤밀레이아 바스타트릭스Hemileia vastatrix의 번식이 활발해져 2014년부터 커피녹병coffee leaf rust이 확산되고 있다(Cahal, 2014).

● 검역·환경 파괴

　모기는 말라리아, 뎅기열, 일본뇌염을 일으키는 원생동물
을 운반한다. 흰줄숲모기는 1985년 일본에서 수출한 중고 타
이어 컨테이너에 실려 미국으로 건너왔다고 알려져 있다. 가
로수나 활엽수 잎을 갉아먹는 미국흰불나방은 북미가 원산
지로, 1948년경 일본을 거쳐 1958년경 서울, 1979년경 중국
으로 확산되었다. 이런 피해는 의도적으로 이루어지는 것이
아니므로, 검역quarantine으로 대처하고 방제해야 한다. 검역 작
업은 정부가 맡아 수행하는데, "해충까지 배낭에 넣지 말자
Don't pack a pest"라는 캠페인을 통해 여행자들에게 농산물 검역
신고를 하도록 협조를 구하고 있다.

　그러나 정부가 주도적으로 환경 생태계를 교란시키는 경
우가 있다. 한국 정부는 1950년대에 단백질 공급원으로 황소
개구리를 도입했고, 1973년에는 배스bass를, 1985년에는 모피
코트용으로 뉴트리아nutria를 들여왔다. 수요 예측의 실패로
용도가 사라지자 사육 농가가 사육을 포기했고, 이들은 자연
으로 무단 방출되었다. 외래종이라 천적 등이 공존하는 생태

계가 형성될 수 없어, 이 동물들에 의해 생태계의 먹이사슬이 파괴되고 있다. 이에 따라 정부는 '야생생물 보호 및 관리에 관한 법률' 시행규칙을 개정해 2009년 6월 뉴트리아 등 6종을 유해 야생동물로 지정했고, 2012년부터 꽃매미와 가시상추 등을 생태계 교란 야생생물로 지정해 총 18종을 관리하고 있다(≪뉴스1≫, 2012년 12월 26일 자).

아프리카발톱개구리Xenopus laevis는 임산부의 소변에 노출되면 배란하는 습성이 있어, 1970년대에는 이를 임신 진단에 활용했다. 이후 효과적인 임신 진단법이 개발되면서 항아리곰팡이병chytridiomycosis을 일으키는 와효균Batrachochytrium dendrobatidis에 오염된 개구리 상당수가 병원에서 배출되었고, 이로써 개구리를 떼죽음시킨 전염병이 세계적으로 확산되었다. 개구리를 포함한 양서류가 사라지고 있다(Vance et al., 2013).

1945년부터 사용된 페니실린 항생제는 만병통치약으로 남용되면서 항생제에 내성이 생긴 세균들이 나타나기 시작했고, 이제는 가장 강력한 항생제인 반코마이신vancomycin 내성 세균과 여러 약제에 대해 동시에 내성을 갖는 다제내성 결핵

균도 나타나고 있다.

슈퍼 박테리아superbug NMD-1은 항생제에 내성이 있는 세균으로, 미국·벨기에 등 9개국에서 200여 명이 감염되고 이 중 한 명이 사망하자 WHO는 2010년 8월 그 위험성을 경고했다. 2010년 9월 일본에서는 다른 항생제에 내성이 있는 세균 MRABMultidrug-Resistant Acinetobacter baumannii에 감염되어 19명이 사망했다. 2008년 결핵 치료제에 내성이 있는 다제내성 결핵 MDR-TB 환자 44만여 명이 신규 발생했고, 이 중 15만 명이 사망했다. 이런 내성은 항생제를 남용하고 가축 사료에 무분별하게 항생제를 첨가했기 때문에 발생한 것이다.

또한 진통제 등의 약물, 농약, 가축·양계·양어용의 사료 첨가용 항생제 등이 하수구를 통해 바다로 흘러 들어가 물고기의 생식 유형을 변화시키고 있다(Lovett, 2010).

사례 7 **환경·친환경**

환경 피해는 그 행위가 이루어진 국가에만 국한되지 않는다. 2007년 중국에서 발생한 미세 먼지보다 입자가 더 작은 초미세 먼지가 유입되어 한국과 일본에서 3만 명이 조기 사망했다고 중국 칭화 대학교와 베이징 대학교, 미국 캘리포니아 대학교 어바인 분교, 캐나다 브리티시 컬럼비아 대학교의 국제 공동 연구진이 ≪네이처Nature≫에 발표했다(Zhang et al., 2017).

● 대기오염과 탄소배출권 거래

석탄을 때면서 발생한 가스 때문에 1952년 12월 4일부터 10일 동안 런던 시민 중 1만 2000명이 만성 폐질환과 호흡 장애로 사망했다. 이를 런던 스모그London smog라고 하며, 영국에서는 이에 따라 1956년 '대기오염 청정법'을 제정했다. 급격한 도시화와 산업화로 대기오염은 점차 확대되어 국경을 넘어서고 있다. 최근에는 중국에서 대기오염이 심각해지고 있다. 이에 따라 공기청정기 시장이 확대되었다.

산림 벌채, 지하수 고갈, 환경오염 등으로 숲이 사라지고 강우량도 줄어들면서 더욱 빠른 속도로 사막화가 진행되고 있다.

또한 '교토 의정서'와 '파리 협약'에서 온실가스 배출량에 대해 언급하고 있다. 기업도 일정 기준의 배출량 규제를 받고 있다. 따라서 온실가스 배출량이 많은 기업은 에너지 절감 등의 기술을 개발해 배출량 자체를 줄이거나 배출량이 적어 여유분의 배출권을 소유하고 있는 기업으로부터 그 권리를 사서 해결해야 한다. 이를 탄소배출권CER: Certificated Emission Reduction 거래라고 한다. 온실가스로는 이산화탄소CO_2, 메탄CH4, 아산화질소N2O, 수소불화탄소HFCs, 과불화탄소PFCs, 육불화황SF6 등 여섯 가지가 지정되었는데, 이 중 비중이 높은 이산화탄소가 대표성을 띤다.

상품이나 식품이 소비자의 손에 들어오기까지의 사람의 활동이나, 상품을 생산·소비하는 전 과정에서 직간접적으로 배출되는 온실가스 배출량을 이산화탄소로 환산해 계산하는 탄소발자국carbon footprint에 대한 관심이 높다.

● 버려지는 식품과 폐기물 처리

버려지는 식품food waste이란 슈퍼마켓이나 기업의 품질 요구에 따라 품질이 떨어져 폐기되는 채소를 말한다. 일본에서 폐기되는 식품의 양은 1800만 톤이다. 또한 곤충 등 동물이 손상시키거나 수확 도중 기계적으로 손상되거나 운반 도중 흘려버리는 채소를 포함하면 이는 전체 식량 소비량의 20%에 해당한다.

이 중 팔다 남거나 유통기한이 만료된 식품, 레스토랑 등 음식점에서 고객이 남긴 요리와 준비했으나 고객에게 제공하지 못한 식재료, 가정에서 조리 시 먹을 수 있는데도 잘라버린 부분과 먹다 남긴 것, 냉장고 등에서 유통기한이 경과된 식품 등 먹을 수 있던 식품 손실food loss은 500~800만 톤으로, 2011년 세계 식량 원조량인 390만 톤보다 많다. 일부는 푸드뱅크Food Bank 등을 통해 재활용되고 있다(Kummu et al., 2012).

음식물쓰레기는 음식물 가공업의 공정 과정이나 호텔, 대형 식당, 가정의 주방에서 배출된다. 대량으로 발생하는 음식물쓰레기는 사료로 재활용되기도 하지만, 가정에서 배출되는 경우는 관리가 어렵다. 음식물쓰레기는 90%가 수분이어서 고온 소각이 어렵고, 소각 과정에서 유독한 다이옥신dioxin이 발생한다. 비행기나 선박, 축산 분뇨, 하수 오니 등 쓰레기를 바다에 투기하는 것을 금지하는 '런던 협약London Convention on the Prevention of Marine Pollution by Dumping of Wastes and Other Matter'이 1996년부터 시행되고 있다. 따라서 이러한 쓰레기를 퇴비화하거나 바이오 가스를 생산하는 데 활용하기도 한다.

● 플라스틱 쓰레기

패스트푸드 시장의 확대로 일회용 컵과 용기, 플라스틱 컵, 완구, 테이블, 의자, 비닐봉지 등 생활용품 폐기물이 증가하고 있다. 이 폐기물들은 신속히 분해되지 않는다. 오대양에 떠다니는 플라스틱은 25만 톤으로, 플라스틱 생산량의 1%에 이른다(Emma, 2014). 이와 같은 현상을 빗대어 조지아 대학교의 제나 잼벡Jenna Jambeck은 인류는 바다에서 고기를 잡아내고, 그 빈자리를 플라스틱 쓰레기로 채우고 있다고 지적했다(Jambeck et al., 2015).

피부에 직접 마찰해 각질 등 불순물을 제거하는 미세 플라스틱microbead이 걸러지지 않은 채 바다로 흘러들었다. 이를 플랑크톤이 먹이로 섭취했고, 먹이사슬에 따라 해양 생물들은 성장과 번식 장애를 일으켰다. '미세 플라스틱 없는 물 법Microbead-free Waters Act'에 따라 2015년 미국에서 사용을 금지하기 시작해 캐나다, 영국, 타이완도 뒤를 따르고 있다. 우리나라도 2017년 7월부터 시행하고 있다.

수면에 뜨는 V 자형 구조물을 설치하고 해류의 흐름을 활용해 플라스틱 쓰레기를 수거하는 (민간의 자발적) 프로그램인 오션 클린업 계획The Ocean Cleanup Initiative이 2015년 그리스 출신 보얀 슬랫Boyan Slat에 의해 제안되었다.

● 수질오염

1908년 일본 남부 해안의 미나마타水俣市 마을에 지소Chisso사가 비료 공장을 설립해 1932년 황산수은을 촉매로 아세트알데히드acetaldehyde를 생산하면서 독성 폐기물 메틸수은methyl mercury이 방출되었다. 1956년 이 어촌 마을에서 54명의 괴질환자가 발생했고, 17명이 그해에 사망했다. 구마모토 대학교에서 이를 '미나마타Minamata병'으로 명명했고, 1968년 5월 아세트알데히드의 생산이 중단되었다.

2013년 1월 140여 개국이 체온계 등 의료 장비, 금 채굴, 형광등, 시멘트, 화력발전으로 발생하는 수은과 관련해 수은 배출 저감 협약Minamata Convention on Mercury을 체결했다.

1989년 3월 24일 원유 운반선 엑슨 발데즈Exxon Valdez호는 알래스카 부근에서 좌초되어 기름 24만 갤런을 프린스 윌리엄 사운드Prince William Sound 해안에 유출했다. 기름 분해 미생물, 분산제 사용과 고압의 뜨거운 물 분사 등의 방법으로 오염물을 제거했고, 사고 직후 바닷새 25~50만 마리, 독수리 250마리, 해달 3000~5000마리, 회색물개 300마리, 수달 12마리, 범고래 22마리가 죽었다.

유조선이나 화물선은 선박 좌우의 밸러스트ballast 탱크에 바닷물을 채워 배의 균형을 잡는데, 다른 항구에 도착하면 이 바닷물 즉 선박평형수를 버린다. 이때 버려지는 평형수 속의 유해 미생물 및 병원균은 인체에 유해할 수 있고, 유해하지 않더라도 배출되는 생명체는 다른 생태계에서 가져온 것이므로 생태계를 교란시킨다. '선박평형수협약International Convention for the Control and Management of Ships' Ballast Water and Sediments'은 선박평형수 처리 시설을 의무적으로 갖추도록 하는 협약으로, 2017년 9월 8일부터 국제적으로 발효되었다.

● 환경호르몬과 새집증후군

환경호르몬은 내분비계 교란 물질이다. 소각할 때 배출되는 다이옥신 외에도 대표적인 환경호르몬으로는 비스페놀 A bisphenol A가 포함되어 있다. 비스페놀 A는 투명하고 단단한 플라스틱 제품을 만들기 위해 첨가하는 물질이다. 조리한 과일, 생선·장조림·깻잎 등 포장된 식품, 맥주와 음료 등 깡통에 담겨 있는 식품, CD, DVD, 물병, 플라스틱 컵, 가전제품, 조리 기구, 안경 렌즈, 대형 생수통, 젖병, 의료 기기, 노트북이나 스마트폰 표면, 감열지 영수증 등 일상생활 곳곳에서 비스페놀 A가 쓰인다.

한편 임신 중 농약이나 대기 공해에 노출된 모체에서 태어난 아이들에게서 자폐증이나 주의력 결핍 과잉행동장애ADHD 증상이 나타난다는 연구 결과가 속속 발표되고 있다.

새집증후군sick house syndrome은 새로 지은 집이나 건물의 건축 자재, 벽지 등에서 나오는 유해 물질에 의해 유발된다. 벤젠benzene, 톨루엔toluene, 클로로포름chloroform, 아세톤acetone, 스타이렌styrene, 포름알데히드formaldehyde 등 발암물질과 라돈Ladon, 석면, 일산화탄소, 이산화탄소, 질소산화물, 오존, 미세먼지, 부유 세균과 같은 오염 물질 등이 있으며, 이런 오염 물질이 건물 밖으로 배출되지 못하고 실내에 축적되어 건강 문제나 불쾌감을 일으킨다.

● 친환경·녹색 산업

다양한 생활용품에 첨가하는 향료나 화학물질에 의해 향기 민감증 환자나 성조숙증 환자도 증가하고 있다.

친환경은 환경친화, 자연친화, 녹색산업green industry으로, 자연 그대로의 환경과 어울리도록 환경오염을 줄이려는 행위를 말한다. 화학 공장, 발전소, 제철 공장, 시멘트 공장 등 공해산업에 도입되고 있는 녹색 산업은 산업공해를 줄여가는 공정을 개발·도입하는 분야다.

2015년 9월 폭스바겐 그룹은 디젤 자동차에서 배출가스 저감 장치를 의도적으로 조작하는 프로그램 때문에 미국 환경보호청EPA: Environmental Protection Agency 등 각국 정부로부터 1000만 대 수준의 리콜 명령을 받았고, 다우존스Dow-Jones는 폭스바겐을 지속가능경영지수에서 퇴출시켰다. 이 지속가능경영지수는 기업의 사회적 책임을 측정하는 대표적 지수 중 하나이며, 지속가능경영이란 기업이 경제적 성장과 더불어 사회에 공헌하고 환경문제에 기여하는 가치를 창출해 다양한 이해관계자의 기대에 부응함으로써 기업 가치와 경쟁력을 높여 지속적으로 성장을 꾀하는 경영 활동을 의미한다.

사례 8 **인권**

1967년 크리스티안 버나드Christiaan Barnard 교수가 인간의 심장을 루이스 와스칸스키Louis Waskansky에게 이식한 이래로, 이제는 불임·난임 부부를 대상으로 인공수정이나 자궁 이식 등 의료 서비스도 활발히 이루어지고 있다. 복지수준이나 생활 수준 향상과는 별도로 소비수준도 높아졌다.

선진국일수록 알츠하이머 치매 발병률이 높고, 위생, 전염성 질병, 도시화 수치가 반영되는 '위생 상태'에 따라 기생충 감염률은 낮아진 반면, 꽃가루 알레르기, 아토피, 천식 발병률은 증가하고 있다.

65세가 넘은 노인 70% 이상이 관절염, 당뇨, 암, 심장 질환 등 만성 질병을 두 가지 이상 안고 있다(Hung et al., 2011). 의료비 부담은 어릴 때 높고, 점차 낮아지다가 나이가 들어가면서 다시 증가한다(Yamamoto, 2013). 고령화로 10년간 병치레를 하다가 사망하는 경우가 많아 건강 수명은 이보다 10년 정도 낮다. 2016년 현재 안락사 합법화 국가는 네덜란드, 벨기에, 룩셈부르크, 스위스, 콜롬비아, 캐나다이며, 미국에서는 오리건, 워싱턴, 버몬트, 캘리포니아 등 다섯 개 주에서 허용하고 있다.

노인, 장애인, 왼손잡이, 성전환자trans-gender, 희귀 질환자가족, 개발도상국 등을 소외 계층이라 할 수 있다. 통조림 안심 따개, 점자 표시 캔, 지팡이, 전동 의자, 비데 등의 과학기술은 선천적 장애나 후천성 장애가 있는 이들을 절대적으로 도와야 한다.

시간대별로 복용해야 할 약의 색깔과 포장을 달리해 용법을 쉽게 구분한 감기약 콘택Contac, 어린이나 노인이 쉽게 세탁물을 꺼낼 수 있게 설계한 파나소닉Panasonic의 경사진 드럼 세탁기 등이 사용할 수 있는 '유니버설 디자인'이다.

일본 규슈의 우레시노嬉野 온천 마을은 전체가 ① 휠체어를 타고 노천탕까지 갈 수 있는 객실, ② 변기의 수평손잡이인 핸드레일이 오른쪽 또는 왼쪽에 별도로 설치되어 있는 방을 갖추고 있으며, ③ 마을 내 700곳의 욕조 높이와 물 깊이를 조사해 개인별 상황에 맞춰 여행 상담을 함으로써 노인이나 장애인을 위한 장애물 없는barrier free 온천을 만들었다.

소득이 낮을수록 건강 불평등이 심화된다. 2005년부터 2009년까지 암을 진단받은 300만 명을 대상으로 사회·경제적 지위에 따른 32가지 암을 분석한 결과, 저소득층에서는 후

두암, 카포시Kaposi육종, 간암, 음경암, 자궁암 등 14가지 암이 많았고, 고소득층에서는 갑상선암, 고환암, 흑색종, 기타 비상피성 피부암 등 18종의 암이 많았다(Boscoe, 2014). 이러한 암은 생활환경을 개선하면 예방할 수 있지만, 사정은 그리 녹록지 않다. 2012년 기준으로 한국에서 19세 이상 성인의 비만 유병률은 32.8%였는데, 소득 하층에서는 34.7%, 중하층 35.7%, 중상층 31.0%, 상층 30.1%로 나타났다(≪경향신문≫, 2014년 8월 18일 자).

컬럼비아 대학교의 킴벌리 노블Kimberley Noble은 부유한 가정에서 태어난 어린이와 청소년이 인지능력 검사에서 높은 점수를 받고 사회적 지위가 높은 가정의 자녀일수록 기억·언어 능력에 관여하는 뇌 부위가 잘 발달되어 있는 것으로 볼 때 부모 소득과 교육 수준이 성장기 자녀의 뇌의 크기를 좌우하며, 이에 따라 가난이 대물림된다고 지적하고 있다(Ostrander, 2015).

에이즈, 말라리아, 결핵은 빈곤과 연관된 질병으로, 사망자의 90% 이상이 개발도상국에서 발생한다(대표적인 자료로는

UN Population Fund, 2012 참고).

부유한 10%를 위해 공학자 90%가 일하고 있다는 데 대항하기 위한 개념에서 시작한 적정 기술appropriate technology은 첨단 기술과 하위 기술의 중간 정도 수준으로, 현지 상황에 적합하면서 별도의 시설 투자를 하지 않고 사용자 스스로가 제조·활용할 수 있는, 구체적으로 수질 관리, 오물 처리, 수동식 농산물 가공 기계, 보건을 위한 의료 기기 및 보조 공학, 부산물을 활용하는 식용 연료 등 디자인도 포함되는 기술이다.

빌 게이츠Bill Gates 재단의 물을 사용하지 않는 제3세계 '화장실 2.0' 사업에 공모한 캘리포니아 공과대학교 팀은 태양광 에너지를 이용해 소변 내의 염소를 활성화하고 염소가 다른 화합물을 분해해 수소로 전기를 생성하는 전기화학 처리 과정을 개발해 최고상을 받았다.

이 밖에도 식초를 적신 면봉을 자궁 경부에 발라 자궁경부암을 진단하는 방법, 냉장 시설이 준비되어 있지 않은 상황을 고려해 냉동하지 않아도 되는 백신, 전염병을 진단하는 종이 형태의 프린트 진단 용지를 개발하는 연구 등이 진행되고 있다(≪뉴시스≫, 2013년 6월 2일 자).

● 재난

1984년 12월 3일 인도 보팔Bhopal시 유니언 카바이드Union Carbide의 살충제 공장이 폭발해 이소시안산메틸methyl isocyanate, 포스겐phosgen, 사이안화수소hydrogen cyanide 등 유독가스가 대량으로 유출되었다. 즉사한 인근 주민 4000명을 포함해 1만 5000명이 사망했다.

2013년 3월 11일 일본 후쿠시마福島 지역을 덮친 해일과 원자력발전소 폭발로 인근 지역이 방사능에 오염되었다. 후쿠시마 원자력발전소 사고 이후 방사성물질을 배출하는 데 효과가 있다고 알려진 아이오딘화칼륨iodine化 Kalium의 주문이 급증했고, 중국에서는 소금 사재기 열풍이 불었다. 종양의 위치를 찾는 방사성 의약품은 약이 되지만, 고농도 방사성물질에 노출되면 해롭기 때문에 막연히 두려움을 갖게 된다.

재난 지역이나 오염 지역에서 생산되는 농작물은 판매가되지 않는다. 따라서 재해 지역들을 지원하기 위해 식물 공장 개념을 도입하고 있다. 우주 비행사의 건강을 지키기 위한 우주식은 상온에서 1년 이상 장기 보관이 가능하기 때문에 지진이나 홍수 등 재난이 발생해 피난할 경우 활용하려는 연구가 진행되고 있다(농촌진흥청, 2014).

2015년 8월 12일 중국 톈진天津항에서 대규모 폭발 사고가 발생했고, 폭발 지점 반경 3km 이내에서 시안화나트륨sodium cyanide 150톤 등을 회수했다. 환경 피해 등에 관한 연구는 이제부터 시작될 것이다.

● 의료 윤리

1960년대 탈리도마이드thalidomide 사건 이후 신약을 판매하기 전 임상 시험 규정이 엄격해졌다. 그러나 독일 ≪슈피겔 Spiegel≫은 동독 정보기관 슈타지STASI의 비밀 파일, 동독 보건부의 미발표 문서를 통해 독일의 바이엘Bayer, 셰링Schering, 훼히스트Hoechst, 스위스의 로슈Roche, 산도즈Sandoz 등이 1989년까지 동독 국립 병원 50여 곳의 환자에게 위험을 설명하지 않은 채 불법으로 600건의 의약품 임상 시험을 진행했고,

실험 대가로 건당 80만 마르크를 지불했다고 밝혔다(Kuhrt and Wensierski, 2013).

'위키리크스WikiLeaks'의 폭로 내용을 소개한 영국 ≪가디언Guardian≫에 따르면, 1996년 미국 화이자Pfizer는 뇌막염이 창궐하는 나이지리아 북부 카노Kano주에서 아동 200명에게 뇌막염 치료 신약 트로반Trovan(성분 트로바플록사신trovafloxacin)의 임상시험을 실시했다. 유럽에서 트로반은 성인에게 허용되었다가 간 중독 부작용 때문에 허가가 취소된 약이다. 화이자는 100명의 아동에게 트로반을, 대조군인 100명에게는 다른 항생제를 투여했고, 이 중 트로반군에서 다섯 명, 다른 항생제군에서 여섯 명이 사망했다. 부모의 동의를 받지 않고 시험을 했다는 이유로 카노주와 나이지리아 정부는 화이자에 배상금 60억 달러를 요구했고, 최종적으로 7억 5000만 달러를 지급하기로 합의했다(*Guardian*, 2010).

2005년 인도에서 의약품 임상 시험 규제가 완화된 이후 대형 제약 회사가 실시하는 1600건의 임상 시험에 인도인 15만 명이 참여했다. 임상 시험 이후나 시험 도중 사망한 참가자는

22명으로, 1인당 평균 3000파운드가 보상금으로 지급되었다 (Andrew and Lakhani, 2011).

스미스클라인 비첨SmithKline Beecham(현재 글락소 스미스클라인)은 1993년에 개발한 구충제 니타조사나이드nitazoxanide의 임상 시험을 아프리카 잠비아에서 수행하려고 했다. 잠비아는 니타조사나이드 시험을 허가하지 않았기 때문에, 와포자충증 Cryptosporidiosis이 일으키는 감염에 대한 치료 혜택을 받지 못했다(Amadi et al., 2002).

개발도상국에서만 이러한 일이 일어났던 것은 아니다. 미국 공중보건국United States Public Health Service은 1932년부터 1972년까지 미국 앨라배마Alabama주 터스키기Tuskegee 지역의 흑인을 대상으로 매독 연구를 진행해 매독이 인체에 미치는 영향을 관찰했다. 이러한 사실이 폭로되자 1973년 실험은 중단되었다(≪사이언스 타임스≫, 2010년 12월 16일 자).

2

IT와 연계한 바이오의 특징

    IT나 바이오는 국제 유가wti 변동에 민감하지 않다. 유전
공학이 시초인 바이오는 1980년대에 시작되었으며, 그 당시
경쟁 산업 분야가 전자공학, 즉 IT였다. IT는 현재 성장기를
넘어섰다. 투자 대상은 IT에서 바이오로 넘어가고 있다. 그러
나 바이오 분야에는 IT 분야에서와 같이 구글이나 아마존 등
반짝 대스타 기업이 나타나기 어렵다(Cohen, 2015). 이제 바이
오의 특징을 IT와 비교해 검토한다.

1. 산업화 아이템

밀·쌀 농업 등에서와 같이 산업화된 아이템도 매우 다양하다. 이런 아이템들은 이미 잘 알려져 있고, 개발의 역사도 오래되었다. 김치냉장고 등의 냉장 시설, 냉동 시설, 전자레인지 등은 바이오 분야에서 정착된 기술 융합 사례로 소개할 수 있다.

1) 유행 아이템

중국의 샤오미폰이 출시되자 삼성전자의 2014년 3분기 실적이 4조 원대로 떨어졌다.

1990년대의 IT 명품 삐삐beeper, 모토롤라Motorola의 딸깍폰 (Star-tac ST-7760), IBM의 노트북 컴퓨터 싱크 패드(Think Pad 701), 소니의 시디플레이어 워크맨(Walkman D777) 등은 이제 찾아보기 어렵다. 이와 같이 IT에서의 유행 기간은 매우 짧다.

전술한 스노맥스와 같이, 바이오 분야에도 유행 아이템이 존재한다.

1895년 뢴트겐Roentgen선(이하 X선)이 발견되면서 X선 투과 영상을 촬영하는 뢴트겐 장치는 상류층의 파티에서 서로의 뼈를 촬영하는, 빠뜨릴 수 없는 물건이 되었다. 또한 1920년대 중반부터 신발을 신은 다음, 신발이 발에 맞는지 신발 속을 확인하기 위해 사용한 페도스코프pedoscope는 미국 구두 가게에만 1만 개 이상이 설치되었다. 그러다가 원자폭탄에 의한 방사능 피폭 후유증이 알려지자 1950년대 중반에 구두 가게에서 퇴출되었다.

이처럼 유행 아이템들은 유행이 지나면 사라진다. 유행에 민감한 IT에서는 해당 아이템 또는 제품이 오랫동안 생존하는 데 크게 의미를 부여하지 않는다.

2) 제품 수명 주기와 명품

제품 수명 주기product life cycle는 하나의 제품이 시장에 도입되어 폐기되기까지의 과정을 의미하는 것이지만, 아이폰 등의 휴대전화 모델은 매년 새롭게 탄생한다. 따라서 이 제품들의 수명은 배터리 수명에 의존한다고 할 수 있다.

사전적 의미로 명품은 뛰어나거나 이름난 물건을 일컫는다. 또한 고소득 소비층을 겨냥해 값비싼 재료를 사용해 적은 물량으로 고급스럽게 만들어낸 상품을 의미하기도 한다. 이뿐만 아니라 100년 이상의 역사를 지닌 코카콜라처럼 오랫동안 살아남은 제품도 명품에 포함된다.

단기간에 흥행에 성공한 블록버스터 개념을 도입하면, 초기에 대규모 투자로 만들어진 상품이 명품이 되기도 한다. 연 10억 달러 이상으로 판매된 의약품을 블록버스터라 하는데, 류머티즘rheumatism 관절염의 치료항체인 애보트Abbott의 휴미라Humira, 아스트라제네카AstraZeneca의 고지혈증 치료제 크레스토Crestor 등 100개가 넘는 품목이 있다. 그러나 최근 이 의약품들의 원료 물질의 물질특허 기간이 만료되면서 복제 약품과 경쟁하는 단계에 들어섰다. 용도를 의미하는 아이템 면에서 보면 명품이라 할 수 있다.

따라서 명품, 장수 제품, 블록버스터 제품과 동시에 그 제품을 생산하는 기업까지 포함되므로, 개념과 구분은 모호하지만, 바이오 제품이 상당수 포함된다.

2. 바이오의 오랜 역사

농작물을 재배하면서 인류는 정착 생활을 시작하게 되었고, 소, 돼지, 개 등도 가축화되었다. 그리스·로마 신화에 등장하는 포도주의 신 바쿠스Bacchus에서 알 수 있듯이 술은 오랜 역사를 이어왔으며, 중국의 종이, 이집트의 파피루스도 역사가 오래되었다.

네덜란드는 인도에 동인도회사Vereenigde Oostindische Compagnie를 설립해 유럽에 향신료를 판매했다. 여기서 향신료란 아시아의 시나몬, 정향clove, 흑후추black pepper, 육두구nutmeg, 고추 등으로, 마르코 폴로Marco Polo가 『동방견문록』에 소개하기도 했다. 이 외에도 이들은 아편, 목화, 차를 취급했다. 16세기에는 안

데스 감자가 유럽에서 원예용으로 재배되었다.

1492년 콜럼버스Christopher Columbus가 아메리카 대륙을 발견할 당시 대구cod를 쫓던 영국의 어부들은 아메리카 대륙의 존재를 이미 알고 있었고, 생산 기지로 비밀리에 활용하고 있었다.

이렇듯 자원과 식민지를 확보하는 과정에서 전쟁은 필수적이었으며, 분유를 개발한 칭기즈칸Genghis Khan과 병조림을 개발한 나폴레옹Napoléon Bonaparte은 대규모 전쟁을 할 수 있었다. 통조림의 사례로는 제2차 세계대전 때 사용되었던 통조림 햄 스팸SPAM이 대표적이다.

국가가 세수 확보를 위해 운영하는 전매품인 담배, 술, 소금 등은 대부분 바이오 분야에 있다. 2600년 동안 소금을 전매 제품으로 관리했던 중국도 2017년 전매제도를 폐지했다.

웰빙 시대와 테마 여행이 활성화되면서 고대 역사로부터 지역 문화를 아울러 음식을 탐구하는 음식역사학 food history 이 활발히 연구되고 있다.

3. 다양한 산업별 특징

바이오 사업 관련 아이템은 전문 서적 등 많은 책에 소개되어 있다. 산업은 기본적으로 제품을 생산하는 단계와 제품을 판매·유통하는 단계로 구성되며, 단계에 따라 부가가치가 높아지는 가치사슬value chain을 형성한다. 이 책은 연구·개발에 초점을 맞췄기 때문에 판매·유통 단계에 대한 언급은 줄였다. 산업별로 특징적 가치사슬을 분석한 결과는 추후 출간할 『2등 바이오를 위한 지침서: 해답 편』에 소개할 예정이다.

IT 제품은 많은 부품으로 구성되기 때문에 제품 원가에서 부품이 차지하는 비중이 50% 이상이다. 또한 부품 교체와 유지 보수, 설비 확장, 컨설팅 등 애프터 마켓after market 사업도 운영해야 한다.

한편 바이오에서는 원료 생산자와 제품 생산자로 단순하게 구분된다. 따라서 제품에서 하자가 발생하면 제품을 직접 수거하거나 교환하는 방법뿐이며, IT 분야에서처럼 부품에 해당하는 내용물(생산물)을 교체하거나 유지·보수하는 사업 분야는 없다. 따라서 기술 격차가 두드러지지 않은 경우 진입 장벽이 낮고 경쟁이 심화된다.

1) 의약품

의약품은 효능을 갖춘 원료bulk 의약품을 생산하는 단계와 원료 의약품을 기반으로 처방을 설계하는 단계로 구분된다.

원료 의약품 개발 단계에서는 효능을 지속하고자 단백질 형태인 인터페론의 유통기간을 연장하기 위해 PEG화된 유도체를 사용하는데, 주사제 형태인 인터류킨-2interleukin-2는 서로 응집하므로 이 단계에 아미노산 하나를 변화시켜 응집을 방지하는 단백질공학protein engineering 기술이 도입되었다. 서방제형slow releasing formulation의 개발로 1일 3회 복용에서 일주일에 1회만 복용하게 되었다.

2) 식품

2009년 세계 식품 시장은 5조 달러 규모로 성장해 IT나 자동차 시장보다 훨씬 커졌다.

식품 산업도 원료 물질을 생산하는 단계와 원료를 조합해 최종 제품을 생산하는 단계로 구분된다. 예를 들어 수확한 사탕수수를 압착해 제조한 사탕수수 즙을 농축해 설탕을 생산하는 단계와 생산한 설탕을 다양한 식품에 활용하는 단계로 구분할 수 있다.

QC quality control 규격으로 제품의 품질 저하가 유도되고 값싸고 칼로리가 높은 음식을 식품공업에서 대량으로 생산한다고 비난받고 있는 상황에, 맞벌이 부부와 1인 가구가 늘고 요리 시간이 줄어들면서 편의 식품, PL 상품 private label products, 프랜차이즈 식품 시장이 활성화되고 있다. 또한 포장 방법, 냉동·냉장 유통 기술, 방사선 처리 기술 등 식품공학 기술의 개발로 다양한 제품이 개발되고 있다. 터퍼웨어 tupperware나 락앤락과 같은 가정용 포장 용기 시장도 급성장하고 있다. 음식

알레르기에 대비한 '글루텐 프리gluten free' 식품도 새로운 시장을 형성하고 있다.

치즈, 요구르트, 식초, 포도주, 탁주, 청주, 과실주, 맥주, 소주, 위스키, 브랜디, 증류주와 같은 발효주, 김치 등의 침채沈菜류, 간장, 대두 발효(된장, 낫토, 템페tempeh), 땅콩 발효(온쫌ontjom), 수산 발효(식해, 멸치 소스, 남플라nampla, 파티스patis) 등 전통 식품 및 발효 식품과 관련된 지식을 지키려는 움직임도 활발하다. 반조리된 식품을 가열해 제공하는 행위에 맞서 진짜 프랑스 요리를 지키기 위해 2014년 프랑스에서는 식당에서 직접 조리했다는 뜻으로 '페 메종fait maison'을 메뉴에 표시하는 법을 통과시켰다.

3) 농업

재배 농업의 가치사슬은 종자(종묘)를 생산·판매하는 것을 농부가 구입해 일정 기간 키운 다음, 다 자라면 수확하는 단계로 구성된다. 여기에서는 농업에 가축, 작물, (수렵을 포함한)

임업, 수산업을 포함시켰다.

● 임업

임업은 천연림을 벌채해 생산된 목재를 이용하는 것에서 시작되었다. 고무를 얻기 위한 고무나무 숲은 이제 팜 오일 palm oil을 생산하는 키 작은 야자나무palm tree 농장으로 대체되었다. 임업에서는 임산물을 생산하는 동시에 숲속 동물을 사냥하거나 휴양림, 나아가 탄소세에 대비한 투자로 확대되고 있다.

● 수산업

어획과 양어, 낚시로 인식되는 수산업은 해양목장, 참치 양식, 연어 방류 사업으로 변모하고 있다. 한국과 일본에서는 해조류인 김을 생산하고 있으며, 해조류에서 고분자 알지네이트alginate를 추출하고 있다.

유엔의 '해양법에 관한 국제연합 협약'에 따른 총허용어획량제도TAC: total allowable catch는 배타적 경제수역EEZ: exclusive economic zone에서 단위 자원(종)에 대한 어획량 허용치를 설정해 생산자에게 배분하고, 어획량이 목표치에 이르면 어업을 종료시키는 제도다. 구미 선진국은 이 제도를 통해 무차별 어획을 관리하고 있다.

참치의 천적인 상어로부터 참치를 보호하기 위해 돌고래는 참치 떼와 같이 이동한다. 이런 까닭에 건착망 purse seine 을 사용해 참치를 대량으로 어획하는 과정에서 돌고래가 함께 잡히거나 죽기도 하는데, 이에 대한 항의로 1989년 '참치 통조림 안 사 먹기 운동'이 미국 전역으로 확대되었다. 1990년에는 참치 통조림 3대 업체가 '돌고래를 안전하게 보호하는 방식으로 어획한 참치'만 공급하겠다고 선언했다. 1991년 미국 정부는 건착망으로 참치를 잡는 멕시코, 베네수엘라와 이를 통조림으로 가공해 수출하는 프랑스, 이탈리아, 일본 등에서의 수입을 금지했다. 이와 같은 수입 금지 조치에 대해 멕시코가 가트 GATT: General Agreement on Tariffs and Trade 에 미국을 규정 위반으로 제소했는데, 가트 위원회는 미국산 참치와 멕시코산 참치가 어획 방법이 다르다는 이유만으로 제품을 차별하는 것은 가트 규정에 어긋난다고 판정했다.

어찌 됐건 이와 같은 녹색보호무역주의에 의해 참다랑어
와 털가죽을 얻기 위해 사냥되는 북극곰도 보호받고 있다.

● 작물

과거에는 화학비료와 농약을 대량 사용해 농업 수확량을
높였다. 이에 따라 증가한 생산성과 비탄력적인 식품 수요로
인해 농산물의 실질 가격과 농민의 수익이 지속적으로 감소하
고 있다. 베트남 쌀의 생산이 증가하면서 수출도 기록적으로
증가했지만, 농민은 생산 비용의 60~70%를 부담하므로 가치
사슬에서 발생하는 이익의 30%만 차지하고 있다(Oxfam, 2013).

그러나 최근 농업에서는 무성 번식 방법과 작물·가축 생육
환경의 정보화를 활용하고 있으며, 살충제로 페로몬pheromone
을 활용해 무당벌레 등의 곤충을 생물 농약으로 사용하고 있
다. 로열티로 보호받는 곡물, 채소, 화훼 등 작물 종자 시장은
2011년 780억 달러로, 연 10% 이상 성장하고 있다. 여기에는
GM 종자도 포함된다(《원예산업신문》, 2014년 6월 13일 자).

지속 가능한 농업 생태 시스템 연구인 농업생태학, 도시 빈민에게 텃밭 대신 좁은 공간을 활용할 수 있도록 하는 마이크로 농업micro-garden 공법 등이 활발히 연구되고 있고, 체험 관광을 연계한 6차 농업도 도입되었다.

한편 농산물 저장 기술 분야의 연구는 활발하지 못하다. 미국에서 시행되던 휴경지 제도도 바이오 연료 붐을 타고 옥수수 재배로 무너지고 있고, 간접적 토지 이용 변화indirect land use change로 사막화가 초래되고 있다(Sapp, 2014).

● 축산

소, 돼지 등의 포유류, 가금류, 꿀벌을 포함한 곤충을 키우는 등 축산의 종류는 매우 다양하다.

쇠고기, 돼지고기를 먹는 것이 부의 상징으로 인식되면서 적색육 소비가 급증하고, 이에 따라 가축을 키울 때 지켜야 하는 동물 권리 개념이 도입되었다. 미국의 타이슨Tyson Foods은 첨가물과 항생제를 마구 사용해 책임 소재를 파악하기 어렵게 하는 소규모 계약 농민에게 닭을 구입하는 대신, 중국 내에 양계 농장을 직접 운영해 중국에 육류를 공급하고 있다(Kuo, 2013).

소나 돼지 등 발굽동물有蹄類의 구제역FMD: foot-and-mouth disease 에 대한 백신을 접종하게 되면, 국제수역사무국OIE: Office International des Epizooties으로부터 구제역 청정 국가 지위FMD-free status 를 박탈당해 축산물 수출이 어려워진다. 구제역 청정 국가 지위는 접종 완료 후 1년, 또는 매몰 처리 후 3개월 뒤에 확보된다. 중국 등지에서 수시로 발생하는 조류인플루엔자의 영향으로 패딩 의류에 사용하는 오리털과 거위털 가격이 급등하기도 한다.

곤충 사육은 양봉, 양잠의 형태로 오랜 역사를 이어왔다. 최근에 꿀벌이 집단적으로 사라지는 현상이 발생했는데, 이와 관련해 꿀벌이 농약 묻은 먹이를 선호한다는 연구 결과가 발표되자 유럽연합은 꿀벌에 위험한 네오니코티노이드neonicotinoid 성분이 함유된 99개 농약의 사용을 2014년 2월부터 2년간 한시적으로 금지한 바 있다. 그러나 2015년 하버드대학교 연구 팀은 곤충들이 지구온난화에 적절히 대처하지못해 꿀벌이 사라졌다고 해석했다(Myers et al., 2015).

이 수분 곤충들은 사과와 같은 과일이나 딸기 등의 수분에 활용되며, 네덜란드 코퍼트 BV Koppert BV 등의 기업이 곤충을 공급하고 있다.

또한 FAO 보고서 "Edible Insects: Future Prospects for Food and Feed Security"(2013)는 열대지방에 서식하는 곤충 1900종이 식용 가능하다고 밝혔다. 곤충을 굽거나 튀겨 먹어 왔던 라오스에서는 귀뚜라미 등 곤충을 사육해 먹거나 닭 사료로 사용해 새로운 단백질원으로 활용한다.

● 반려동물, 애완동물

애완동물에는 개, 고양이 외에도 곤충, 파충류가 포함되며, 사람과 더불어 살아간다는 의미에서 반려동물이라 한다. (유기되거나 다친 동물을 관리하는) 보호센터, 동물등록제가 운영되고 있으며, 관련 산업에는 미용, 건강관리, 옷 디자인, 교육·훈련, 병원, 호텔, 반려동물 보험, 장의 전문 사업이 포함된다. 그러나 유기되는 빈도가 높아지고 있어 반려동물을 키울 자격을 검토해야 할 시점에 도달했다. 이 외에 도그 쇼 Dog show, 쇼에 같이 참여하는 핸들러handler, (동물을 돌봐주는) 도그 시터dog-sitter도 인기가 있다.

한편 키우다가 버려지는 반려동물의 수도 엄청나다. 사람들은 혈통이 있는 동물을 키우려 하지만, 혈통 있는 동물과 유기 동물이 차이가 없다는 점을 들어 유기 동물을 입양하라는 캠페인도 진행되고 있다.

1998년 미국 지네틱 세이빙스 앤드 클론Genetic Savings & Clone 을 설립한 존 스펄링John Sperling은 자신의 애완견을 복제하기 위해 텍사스 A&M 대학교에 230만 달러를 기부했다. 이를 계기로 애완동물 복제 과제가 시작되었다. 이 과제는 애완동물 외에도 마약·폭발물 탐지견 복제에도 활용되고 있다.

중국 정부는 판다를 정치적인 선물로 활용하고 있으며, 경주용racing 비둘기, 사자개Tibetan Mastiff, 사냥 매, 관상어 등 고가의 동물을 키우고 거래하는 부자들을 위한 사업도 활발하다.

4. 장치산업과 비즈니스 모델

외식 체인에서는 초밥 만드는 기계 등이 도입되었다. 태양광을 이용하거나 LED 광원을 사용하는 거대 식물 공장에서는 온도와 습도, 이산화탄소 등을 조절하고 물을 주거나 농약을 분사하는 작업도 기계화되어 농업 자동화가 이루어지고 있다. CCD 카메라charge-coupled device camera로 딸기의 색과 상태를 판별해 먹기 좋은 딸기만 수확하는 로봇이 24시간 작업한다. 이는 딸기 외에 다른 작물에도 적용되고 있다. 이렇듯 각 분야에 로봇 시스템이 도입되어 사람의 손이 필요했던 일자리가 잠식되고 있다.

채소 농업은 운송비를 절약하고자 도시 근교에서 이루어지기도 한다. 미국 시카고에서 2013년 3월부터 가동 중인, 로봇 시스템이 융합된 식물 공장 팜드히어FarmedHere가 빌딩 농장vertical farm의 대표적 사례다. 2014년 4월 홍콩에서는 호주의 오션에식스Oceanethix의 순환 여과 방식으로 수산물을 양식해 공급하는 빌딩 농장을 운영했다(Shadbolt, 2014). 이와 같이 일정 규모 이상의 시설 투자가 필요하므로, 바이오도 일종의 장치산업이라 할 수 있다. 동시에 시장 진입을 억제하는 효과도 있다.

1) 시장 진입 장벽

진입 장벽이 비교적 낮은 아이템의 경우에는 기술 활용 능력에 따라 생산자가 바뀐다. 또한 이 능력을 당연하게 여기는 숙련자들의 습성 때문에 기술혁신 마인드를 찾아보기 어렵다. 이를 '극장화의 위기'라 한다. 여기에는 비효율과 낭비도 한몫한다.

세계적으로 유통되는 농산물과 관련 제품 생산은 저임금 국가로 이전되고 있다. 이때 최저임금, 임금 체불, 미성년자 고용 등에 따른 임금 착취가 자행될 수 있다.

적당한 가격을 지불해 농민 등 생산자들의 생활을 개선하려는 국제무역의 시장 모델로 공정무역이 도입되었다. 개발도상국에서 선진국으로 수출하는 수공예품, 커피, 코코아, 차, 바나나, 꿀, 목화, 포도주, 과일, 꽃, 금 등이 대상 제품이다.

2) 경쟁·대체 제품

시장을 독자적으로 개척하는 것은 매우 어렵다. 또한 경쟁자와 동행하는 경우 시장은 확대되고 제품 수준도 높아진다. 이런 경쟁은 모든 산업에서 관찰된다.

더 저렴한 저가 항공, 복잡한 포토샵 프로그램을 간단하게 만든 포토스케이프PhotoScape 사진 편집 프로그램, 휴대가 간편한 넷북 등의 특징적인 와해성 기술disruptive technologies로 월마트Wal-Mart가 시어스Sears가 차지했던 시장을, 소형 복사기 캐논Canon이 복사기 제록스Xerox를 대체했다.

일본 고키치 미키모토御木本幸吉는 1905년 진주 양식에 성공했다. 이후 진주 인공 양식 사업이 활성화되면서 진주 생산국이던 쿠웨이트가 피해를 입었다.

기술 개발에 따라 기존 물질을 대체하면서 작물 생산 지역도 변화되고 있다(Doel and Junne, 1986).

미국에서 액상 과당HFCS: high fructose corn syrup의 사용량이 1978년 135만 톤에서 1984년 430만 톤으로 증가하면서, 미국의 설탕 수입은 1977년 610만 톤에서 1985년 150만 톤으로 줄었다. 1982년부터 설탕 가격은 하락하기 시작했고, 설탕 수출국인 필리핀, 태국, 멕시코가 경제적으로 타격을 입었다. 전체 경작지 40%에서 설탕을 재배하던 필리핀은 경작물을 쌀로 대체했다.

또한 키 작은 야자나무가 개발되어 노동력이 절감되면서, 말레이시아의 고무나무 농장이 야자나무 농장으로 전환되었다. 코코넛을 재배해 팜유를 생산하던 필리핀의 소규모 농가 70만 호는 재투자를 하지 못했다. 이에 따라 팜유 수출액이 1984년 5.55억 달러에서 1985년 3.53억 달러로 떨어졌고, 이 기술은 브라질로 넘어갔다.

유럽은 라이신 lysine과 발효된 사탕수수 펄프를 사료 첨가제로 승인했다. 이 때문에 콩을 수출하던 브라질이 1980년대 후반에 크게 타격을 입었다가 최근 쇠고기 수요가 증가하면서 경제가 다시 회복되었다.

3) 장치산업

의약품이나 식품을 복용·섭취할 때 독성이나 식중독을 예방하는 안전성과 제품의 안정성을 유지하기 위한 장치와 시설을 GMP Good Manufacturing Practice(의약품의 제조 및 품질관리 기준)나 HACCP Hazard analysis and critical control points(위해 요소 중점 관리 기준)로 규정하고 있다. 따라서 특정 제품을 생산하기 위해 장치와 시설을 관리하고 있기 때문에 일종의 장치산업으로 볼 수 있다.

GMP는 품질이 보증된 의약품, 화장품, 식품을 제조하기 위해 제조 시설의 구조·설비, 원자재의 구입부터 제조-포장-출하에 이르기까지 모든 생산 공정을 조직적으로 관리하는 시스템을 말하며, 선진국에 의약품을 생산해 수출하려면 미국 FDA 등 선진국의 밸리데이션 validation을 정기적으로 받아야 한다.

HACCP는 축산품과 식품의 생산-제조-유통 전 과정에서 위생에 해로운 영향을 미칠 수 있는 위해 요소를 분석하고,

이런 위해 요소를 제거하거나 안전성을 확보할 수 있는 단계에 중요 관리 사항을 설정해 과학적·체계적으로 식품의 안전을 관리하는 제도다. 1960년대에 미국 나사NASA에서 우주 비행사의 식품을 생산하기 위해 제도를 개발했다.

위탁 생산을 전문하는 생산 대행 기업CMO: Contract Manufacturing Organization과 연구를 대행하는 임상 시험 수탁 기관CRO: Contract Research Organization이 새로운 비즈니스 모델로 떠오르고 있다.

4) 비즈니스 모델

새로운 아이디어로 명품 수준의 제품을 개발한 벤처기업들은 독자 생존 외에도, 대기업 또는 다국적기업에 흡수되는 방식의 비즈니스 모델을 활용하고 있다.

바이오 분야 특히 의약품 산업에서의 인수·합병 규모는 2014년 상반기 2600억 달러, 의료 기기 산업의 경우는 2014년 860억 달러 규모로 확대되고 있다.

자연보호는 새로운 비즈니스 모델이다. 장난감 회사 레고

Lego는 로열 더치 셸Royal Dutch Shell의 플라스틱 사용을 종료하고 친환경 소재 개발에 들어갔으며, 아마존은 풍력발전소로 운영되는 그린 데이터 센터Green Data Center를 노스캐롤라이나North Carolina주에 설립하겠다고 발표했다. 이와 같은 추세로 화이트 바이오 분야가 활성화되었고, 녹색 성장과 함께 자연을 보호하는 비즈니스 모델은 『블루 이코노미The Blue Economy』에 소개되어 있다.

5. 불법 시장

시장은 불법 시장에 의해 확대된다. 이러한 부정행위는 관련 법을 몰랐거나, 밀수와 같이 법을 알면서도 일부러 법을 어기는 행위를 말한다.

중국 국가공상행정관리총국國家工商行政管理總局商標局, SAIC에서 2015년 1월 28일 발간한 백서에는 알리바바Alibaba가 위조 상품을 유통하고 홍보를 대가로 뇌물을 받았다고 지적했다. 인터넷과 트위터, 페이스북 등 SNS가 등장하면서 불법 시장의 규모가 급속히 확대되었다. 암시장의 규모는 과거나 지금이나 파악하기가 어렵다.

1) 다른 용도로 사용

미국 비영리단체 OLPC One Laptop per Child는 100달러대의 저렴한 XO 노트북을 개발했다. 이를 제3세계 어린이들에게 공급하는 프로젝트를 통해 2007년 나이지리아에 노트북을 공급했다. 그러자 아부자Abuja의 초등학교 학생들이 포르노그래피 콘텐츠를 게시한 웹 사이트를 서핑했고, 이 문제를 포르노그래피 여과 프로그램을 깔아 해결했다(슈피처, 2013). 1970년대에는 비디오테이프를 통한 포르노그래피가 성행해 비디오테이프와 VTR 시장이 확대되었었다. 최근에는 인터넷의 확산으로 관련 장비 시장이 사라졌다.

이렇게 다른 용도로 사용하는 것은 바이오에서도 나타난다. 왜소증을 앓고 있는 아이의 성장을 촉진시키는 성장호르몬은 죽은 사람의 사체에서 추출되었다. 유전공학 기술이 도입되어 성장호르몬의 가격이 내려가자, 아이들을 모델로 키우고 싶어 하는 부모들의 욕심 때문에 호르몬은 허가된 용도가 아닌 다른 용도로 사용되었다. 이 밖에도 체중 감소나 노배우들의 젊음을 유지시키는 등의 용도로 사용되고 있다.

조혈호르몬 EPO는 적혈구의 양을 늘려 지구력을 증가시켜 운동 능력을 향상시킬 수 있다. 이에 따라 2000년 시드니 올림픽에서는 EPO를 도핑 약물로 지정했다.

2014년 11월 워싱턴 DC에서 개최된 임상암연구학회에서 듀크 대학교의 에이미 아버네티Amy Abernethy는 항암제의 60% 이상이 허가된 범위 외의 용도로 암 환자에게 사용되고 있다고 지적했다.

2) 모방 제품

모방 제품은 명품이나 정품을 사고는 싶지만 가격 때문에 구입하지 못하는 소비자의 마음을 이용한 가짜나 모조품을 말한다. 주로 명품을 대상으로 하며, 명품을 패러디한 제품도 등장한다.

바이오 분야에서는 성 기능 개선제 비아그라나 시알리스 Sialis의 실데나필sildenafil, 타다라필tadalafil 성분이나 유도체를 불법으로 사용한 제품이 유통되고 있다. 모방 제품을 꼭 부정적으로 바라볼 필요는 없다. 제네릭generic과 바이오시밀러bio-similar 제품은 FDA 등 관리 기관에서 승인한 것이므로 합법적이다.

3) 불법 농장

말레이시아의 카메론 하일랜즈Cameron Highlands 근교 언덕에 배수 시설도 갖추지 않고 불법으로 조성된 농장 때문에 폭우로 산사태가 일어나 사상자가 발생했다(⟨KBS 글로벌 24⟩, 2015년 2월 7일). 또한 산사태는 주로 불법 토목공사에 의해 일어난다.

인도네시아의 수마트라Sumatra와 칼리만탄Kalimantan 두 섬의 열대우림에서는 6월부터 9월 사이 건기에 자연 발화가 일어나거나 농지 및 팜유 농장을 일구기 위해 산림을 태우기 때문에 매년 산불이 발생한다. 산불로 연무가 퍼져 일부 공항에서는 가시거리가 800m 밑으로 떨어져 항공기의 이착륙이 연기되는 상황이 반복되고 있고, 주민 수만 명이 호흡기 질환 등의 질병으로 고통을 겪고 있으며, 일부 학교에는 휴교령이 내려져 관광 산업이 타격을 받고 있다(YTN, 2015년 9월 7일).

4) 밀렵

자연보호 운동이 활발히 전개되면서 야생동물이 급증해 주변 경작지에 피해가 늘어나자 밀렵에 정당성이 부여되었다.

밀렵 대상은 정력제로 쓰이는 동물이 대부분으로, 이 동물들은 멸종동물로 지정되어 보호된다.

자바코뿔소는 2011년 가을 베트남에서 사라졌고, 인도네시아 자바섬에만 50개체가 남아 있다. 밀렵꾼들은 남아프리카공화국으로 이동했다.

'히말라야 비아그라'로 불리는 박쥐나방동충하초가 그램당 100달러로 거래되자 전문 수확꾼이 채집하는 사람들이 늘어나 남획되었고, 네팔에서 박쥐나방동충하초의 2011년 수출량은 2009년에 비해 50%까지 감소했다(≪사이언스 타임스≫, 2013년 9월 13일 자).

정력제용 동물로 중국, 동남아에서는 천산갑이, 한국에서는 뜸부기가 알려져 있다.

CITESConvention on International Trade in Endangered Species of Wild Fauna and Flora(멸종 위기에 처한 야생 동식물종의 국제 거래에 관한 협약)는 이 야생 동식물들의 수출입을 관리해 보호하기 위한 국제조약이다. 부속서 I에 포함되어 있는 멸종 위기에 처한 생물종은 1000여 종이다.

한편 강력한 정책이나 대체제가 나타나게 되면 이 동물들의 수요는 줄어들고 생태계가 복원될 수 있다. 1998년 비아그라가 출시되자 캐나다 바다표범의 포획량이 급감했고, 바다표범에서 유래한 해구신의 거래 가격도 개당 70~100달러에서 25달러로 하락했다.

샥스핀 요리를 위해 1억 마리에 달하는 상어가 지느러미를 잘리자마자 바다에 버려지고 있다. 이에 따라 400여 종의 상어

중 수십 종이 멸종 위기에 처했다가, 2013년 시진핑習近平 국가 주석이 반부패 운동 중 하나로 샥스핀 금지령을 내려 중국 내 소비가 줄어들자 상어 포획량도 세계적으로 감소했다.

5) 매혈·장기 매매

수술할 때 부족한 피를 보충하는 수혈용 피는 대개 헌혈로 충당하거나 수입해 사용한다. 이런 문제점을 해결하고, 의학적 면에서 환자에게 불필요한 성분을 수혈해 장기에 부담을 주거나 새로운 항체가 생성되는 것을 방지하며, 사회적으로는 헌혈로 제공받은 귀중한 혈액을 유용하게 활용하기 위해 전혈whole blood 대신 적혈구, 백혈구, 혈소판, 혈장, 알부민albumin, 응고인자 등의 혈액 성분을 사용하는 혈액 성분 수혈blood component transfusion이 사용되고 있다. 이러한 방법으로 적혈구를 빈혈 환자에게, 혈소판 성분을 혈소판감소증 환자에게, 알부민 등의 혈장을 저알부민증 환자에게, 응고인자를 혈우병 환자에게 공급할 수 있다.

피부, 뼈, 인대, 건腱, 혈관, 연골, 심장판막, 양막, 근막 등의 인체 조직은 신체 기증자 한 명으로부터 최소 100명에게 이식될 수 있고, 신장, 간장, 췌장, 췌도, 소장, 심장, 폐, 안구 등의 장기는 최대 아홉 명에게 이식될 수 있다. 이를 장기이식 organ sharing이라 한다.

따라서 인체 장기도 밀수·밀매된다. 2005년 11월 파키스탄 인근 아프가니스탄에서 강진이 발생했다. 지진 이후 아프가니스탄의 갱단과 파키스탄의 장기 밀매 조직들이 지진이 휩쓸고 간 산골 마을을 돌아다니며 희생자들의 시신에서 안구와 신장 등을 불법적으로 마구 적출했다. 또한 겨울철이 닥치자 생계가 막막해진 생존자들이 헐값에 안구나 신장 등을 판매했다(≪연합뉴스≫, 2015년 11월 3일 자). 이와 같은 실태가 앤드루 킴브렐Andrew Kimbrell이 쓴 『휴먼 보디숍The Human Body Shop』, 도로시 넬킨Dorothy Nelkin과 로리 앤드루스Lori Andrews가 쓴 『인체 시장Body Bazaar』에 소개되었다.

6) 대리모

대리모 사업은 불임 부부를 위해 대리로 임신·출산하는 경우에 보상하는 것을 말한다. 미국 캘리포니아 등의 일부 주와 인도, 태국, 우크라이나, 멕시코 등 일부 국가에서는 이를 허용하고 있으며, 사업 규모도 확대되고 있다. 베트남에서는 인도적 차원에서 대리모 행위를 제한적으로 허용할 수 있게 '혼인가족법'을 개정해, 2015년 1월 1일부터 매년 500~700명가량의 대리모에게 적용하고 있다.

한편 2014년 8월 태국 경찰은 태국 여성과 대리모 출산 계약을 맺어 아이 15명을 낳게 한 24세의 일본 남성을 체포했다.

7) 원산지

자메이카에서 생산된 커피 원두를 미국에서 볶으면roasting 원산지는 자메이카가 된다. 한편 한국에서는 스타벅스가 자메이카 원두를 볶는 경우 원두는 미국산이 된다. 원산지를 사실대로 표시하지 않음으로써 수입 단가와 제조원가를 숨길 수 있는 것이다. 이처럼 일반인들이 원산지 문제에 부딪히는 제품은 대부분 바이오 분야의 것이다.

한국산 쌀 가격은 미국산 쌀 가격의 2~3배 수준이므로, 가격이 낮은 곳에서 수입해 섞거나 포대만 교체하는 방법으로 원산지를 속일 수 있다. 이와 같이 특정 상품의 경우 일부 국가나 지역에서 생산된 것이 다른 지역에 비해 품질 등이 뛰어나면 해당 물품의 수요와 가격이 높아지므로, 제품 원산지를 속이는 행위도 빈번해진다. 이를 관리하기 위한 원산지 증명은 1883년 '파리 협약' 때 등장해 재산권으로 보호되고 있다.

바이오 관련 제도

글로벌 네트워크 중심 사회에서 산업화를 지원하는 국가와 국제적 제도는 산업이 지속 가능하게 발전하도록 협조harmonization하는 데 목표를 둔다.

바이오 관련 제도의 성격을 살펴보면 산업을 지원하거나 배척하는 것으로 나뉜다. 배타적 개념은 안전성 인증이나 특허 등 허가·등록 사항이 국가마다 이루어져야 한다는 것이다.

소개하는 다양한 제도를 공부·연구하는 것은 새로운 직업을 가질 수 있다는 것을 의미한다.

1. 바이오의 고유한 제도

1) 안전성 확보

바이오는 사람과 접촉하는 것이므로 안전성이 중요하다. 의약품, 식품에서의 안전성을 확보하기 위한 제도를 소개한다.

● **의약품 제조·판매 품목 허가 제도**

동물실험에서 부작용이 나타나지 않아 1953년부터 세계적으로 사용이 급속히 확산된 수면제 탈리도마이드를 복용한 임산부에게서 팔다리가 기형인 아이가 태어났고, 그 수가 유럽에서 8000명, 세계 50개국에서 1만 명 이상에 달하자 1961년 탈리도마이드의 판매가 금지되었다. 탈리도마이드의 독성 자료를 검토한 미국 FDA는 미국 내에서의 판매를 거부했기 때문에 이와 같은 비극에서 벗어날 수 있었다.

이후 의약품 및 식품의 안전성과 효능을 정부에서 검증하기 위해 미국은 FDA Food and Drug Administration, 유럽은 EMA European

Medicines Agency, 일본은 PMDA Pharmaceuticals and Medical Device Agency 등의 기관을 운영하고 있다.

미국에서 의약품을 신약으로 인정받으려면 동물 대상 전임상 시험, 임상 1상 시험(안전성 검증), 임상 2상 시험(유효성 검증), 임상 3상 시험(다른 의약품 대비 안정성과 유효성 비교)과 시판 후 재평가 단계를 거쳐야 한다. 각 단계마다 신청 서류를 제출하면 임상시험심사위원회에서 심사한다. 의약품 등은 특허를 비롯해 지적재산권으로 보호되기도 한다.

● 물질특허

물질특허는 화학 합성 방법으로 제조하는 비아그라와 같은 의약품과 농약의 신물질, 미생물, 단백질 등과 같이 생물학적 방법으로 생산되는 새로운 유용 물질에 대한 지적재산권을 말하며, 물질특허의 대부분이 바이오 분야에 속한다. 한편 물질특허 여부는 문맥으로 파악해야 한다.

특허는 특허청에서 관리하고, 심사관이 특허성 여부를 심사하며, 특허 출원부터 등록 등 출원인과의 관련 업무는 변리

사가 지원한다.

● 용도 개발

비아그라의 원료 실데나필은 고혈압을 치료하는 용도로 개발되고 있었다. 동물을 대상으로 하는 전임상 시험에서 효과가 있기는 했으나, 임상 1상에서 협심증 치료 효과는 니트로글리세린보다 훨씬 약했다. 최대 용량을 투여해 부작용을 관찰하는 내약성 실험에서 발기 등의 현상을 포함해 여러 가지 부작용이 나타나, 실데나필 과제는 실패한 것으로 종결되었다. 그러나 발기되는 현상, 즉 성 기능 개선 용도로 방향을 전환한 화이자는 1998년 3월 발기 부전 치료제 비아그라로 미국 FDA의 승인을 받았다. 탈모 치료제 미녹시딜minoxidil도 고혈압을 치료하기 위해 개발된 것이었다.

금연 치료제 부프로피온bupropion은 우울증 치료제로 사용되었고, 다이너마이트의 재료 니트로글리세린은 100년 넘게 협심증 치료제로, 아스피린은 해열진통제에서 혈전을 예방하고 뇌졸중이나 심근경색을 예방하는 장수 약으로 사용되고 있다.

미국 정부는 2011년부터 부작용 등으로 중단된 의약품의 새로운 용도를 찾기 위한 연구에 착수했다.

● 제네릭, 바이오시밀러

의약품의 물질특허가 만료된 이후 원래 개발자가 아닌 경쟁자가 동일한 성분의 의약품을 제조하는 것을 '제네릭(복제 의약품)'이라 하고, 인터페론 등 생물에서 유래한 의약품인 경우를 '바이오시밀러'라고 한다. 복제 의약품 가격은 본디 의약품 가격보다 높게 책정할 수 없으므로 가격이 낮아져 소비자와 의료 서비스 공급 기관에는 도움이 된다.

미국에서는 '해치왁스만법Hatch-Waxman Low'에 따라 처음으로 복제 의약품을 개발한 제약 회사에 우선권이 부여된다. 이스라엘 테바Teva, 인도 란박시Ranbaxy, 닥터레디Dr. Reddy 등은 미국 복제 의약품 시장에 진출해 다국적 제약사로 성장했다. 복제 의약품 시장의 비중이 커지면서 다국적 제약사도 복제 의약품 제약사를 별도로 운영하고 있다.

● 희귀 의약품

희귀 의약품orphan drugs은 특정 유전자에 변이가 일어나 희귀하거나 치료하기 어려운 질병을 앓고 있는 환자에게 사용하는 의약품을 의미한다. 미국의 FDA나 우리나라의 식품의약품안전처 등 의약품 관리 기관에서 희귀 의약품으로 지정해 이런 약품을 개발하는 제약 회사의 부담을 덜어주고 있다. 희귀 질환을 일으키는 유전자는 대개는 한 개 정도이므로, 생리학 등에서의 연구가 비교적 용이해 최근에는 다국적 제약사가 경쟁적으로 연구에 참여하고 있다.

미국 프로야구 선수 루 게릭Lou Gehrig의 이름을 본뜬 근위축성 측색 경화증인 루게릭병도 희귀 질환인데, 영국의 우주물리학자 스티븐 호킹Steven Hawking도 이 병을 앓고 있다. 2014년 6월 30일 미국 NBC 스포츠 골프 채널에서 게리 윌리엄스Gary Williams가 찬물 대신 얼음물을 뒤집어쓰는 모습이 방송되면서 루게릭 환자를 위한 아이스 버킷 챌린지ice bucket challenge 열풍이 세계적으로 불었고, 미국 ALS 협회와 각국 지부로 기부금이 모였다.

● 식품위생

불량 식품은 빈번히 발생하고, 그 종류도 다양하다. 2013년 잉글랜드와 아일랜드 등 유럽에서 버거킹의 쇠고기 버거용 패티에 쇠고기 대신 말고기가 사용되었다. '말고기를 첨가한 패티'임을 판정할 때 말에 진통 소염제로 투여하는 페닐부타 존phenylbutazone이 지표물질로 사용되었다. 주범은 아일랜드의 실버크레스트 푸드Silvercrest Foods였다(*Daily Mail*, 2013.1.24). 2014년 7월 중국의 식품 회사는 유통기한이 지난 닭고기를 일본 맥도날드에 공급했다(≪연합뉴스≫, 2014년 1월 30일 자).

미국에서는 세균에 오염된 식품 때문에 매년 3000명이 사망한다(*Foodsafety Magazine*, 2015.9.3).

2015년 9월 미국에서 아홉 명의 목숨을 앗아간 '살모넬라 땅콩버터' 사건과 관련해 피넛 커퍼레이션 오브 아메리카 Peanut Corporation of America의 사장 스튜어트 파넬Stewart Parnell은 제품이 살모넬라균에 오염된 사실을 알고도 선적을 강행했고, 심지어 살모넬라균 오염 여부를 실험한 결과까지 조작한 혐의로 조지아주 올버니Albany 연방법원에서 징역 28년을 선

고받았다.

식품위생은 '식품위생법' 등으로 관리하며, 이 법은 다음과 같이 활용되기도 한다.

2014년 8월 20일 우크라이나 사태로 미국과 갈등을 빚자 러시아 소비자권리보호감독청은 위생 규정 위반을 명목으로 모스크바 내 맥도날드 네 개 지점에 임시 폐쇄 명령을 내렸다. 이와 같이 국제 정세에 따라 비즈니스 상황도 변화한다.

● CODEX(국제식품규격위원회)

FAO(식량농업기구), WHO(세계보건기구)는 국제 식품 규격을 정하기 위해 1962년 CODEX 국제식품규격위원회Codex Alimentarius International Food Standards를 설립했다. 사무소는 이탈리아 로마의 FAO 본부에 있다. 2013년 현재 유럽연합 국가들을 포함해 전 세계 185개국이 회원국으로 가입되어 있으며, 320여 개의 식품 규격이 등록되어 있다. 이 규격이 국가 간의 식품 교역에서 국제 통상 위생 기준으로 사용된다.

2) 생물 다양성과 전통 지식

유엔 환경 프로그램 보고서(UNEP, 2000)에 따르면 전 세계의 생물은 1400만 종으로 추정되며, 이 중 13%인 175만 종이 확인되었다. 서식지 감소나 기후변화 등 자연환경 파괴에 의한 생물 종의 감소가 1000배 이상 빨리 진행되고 있다고 한다 (Global Biodiversity Outlook 3, 2010).

생물자원에서 약품(식량, 물, 바이오 연료, 저에너지 소재 등)이 유래되므로, 생물의 다양성 감소는 인류의 생존과 건강에도 직간접적으로 영향을 미칠 수 있다.

현재 생물자원과 생물 유전자원은 개발도상국에 남아 있다. 이와 같은 지역에서 생물 다양성을 보전하기 위해 해당 국가의 토착종 유전자원의 원산지 주권을 인정해 이용료를 지불하는 방법으로 생물자원에서 발생하는 이익을 공정하게 분배하려는 개념에서 체결된 것이 '생물다양성협약CBD: Convention on Biological Diversity(나고야 의정서)'이다.

구체적인 사례로 덴마크 노보짐Novozyme은 케냐 보고리아

호Bogoria湖의 간헐천에서 추출한 세균에서 내열성 효소를 생산하면서, 2007년 6월부터 2014년까지 호수 주변 주민들에게 2.6만 달러를 지원했다.

토착민 또는 지역공동체community가 보전하거나 전승해온 전통 지식은 인류의 공동 유산으로 누구나 자유로이 접근하고 이용할 수 있는 것으로 취급되어왔지만, '생물다양성협약'의 체결로 보호 대상이 되었다.

이는 캐나다의 NGO RAFI Rural Advancement Foundation International와 인도의 반다나 시바Vandana Shiva가 해적Bio-Piracy 행위 반대 운동을 한 데서 기인했다.

이 밖에 습지의 생물자원을 보호하기 위한 '람사르 협약Ramsar Convention'이 있다. 습지란 바닷물 또는 민물의 간조 시에 수심이 6m를 초과하지 않는 늪과 못 등의 소택지와 갯벌을 말한다. 협약에 등록된 우리나라의 보호 지역은 대암산 용늪, 창녕 우포늪, 신안 장도 습지, 순천만 보성 벌교 갯벌, 인천 강화도 매화마름 군락지, 오대산국립공원 습지, 제주 물장오리 습지, 한라산 1100고지 습지, 전북 고창-부안 갯벌,

제주 동백동산 습지, 전북 고창 운곡 습지, 전남 신안 증도갯벌 등이다.

생물다양성과학기구 IPBES Intergovernmental Sciences-Policy Platform on Biodiversity and Ecosystem services는 생물 다양성 감소에 관해 과학적으로 조사·연구하고, 연구 결과를 참여국에 전달해 생태계를 살리는 정책에 반영하도록 지원했다. 2012년 4월 21일 193개국이 참여해 공식적으로 출범한 이 기구의 사무국은 독일 본Bonn에 있다.

2. 다른 산업과 공유하는 제도

1) 유가 폭락과 환율 변동

맥도날드의 빅맥 지수Big Mac index는 세계 120여 개국의 화폐가치와 물가수준을 비교할 때 쓰는 지수다. 전산화에 따라 금융상품화가 가속되면서, 석유와 같은 원자재도 금융 상품,

나아가 투기 상품으로 거래되고 있어 수급 불균형보다 선물 시장 변동에 따라 가격이 결정된다.

투자 대상과 금리에 따라 투자가 변동하고, 이에 따라 각국의 환율도 변화하고 있다. 2011년 중국에서 위안화를 평가절하한 데 대응해 미국 상원은 보복 관세를 부과하는 '환율감시개혁법안'을 통과시켰다.

2) 자유무역과 자유무역협정

두 가지 이상을 대상으로 하는 국가 간의 상품·서비스 교역에서 기업체는 자유무역협정FTA: Free Trade Agreement과 세계무역기구WTO: World Trade Organization를 통해 관세와 기타 수입제한의 부담에서 벗어날 수 있다.

자유무역협정은 1994년 1월 북미자유무역협정에서 시작되었고, 1995년에는 세계무역기구가 출범했다. 2015년 1월 현재, 지역 무역협정의 발효 건수는 395건으로, 상품 무역을 다루는 자유무역협정 228건, 서비스 협정 127건, 개도국 간

특혜 협정 15건, 관세동맹 25건이다.

세계무역기구의 분쟁 해결 기구에서는 농산물 검사와 검역 조치, 식품 유통기한, 원산지 표시제, 쇠고기 수입에 관련한 조치, 혼합 분유에 대한 조치, 방사능 물질이 포함된 수산물 등 식품 수입 금지, 김 수입 쿼터, 반덤핑에 대한 조치, 농업 보조금 등 농산물 및 농업협정에 관련된 무역 분쟁 사건 등을 취급한다. 소비자 후생 측면에서 소비자의 알 권리를 보장하거나 식품 안전성을 확보하는 것이다.

경제자유구역Free Economic Zones은 외국인 투자를 포함해 외국인 기업에 세금을 적게 부과하거나 전혀 부과하지 않는, 규제를 완화한 지역을 말한다.

경제 상황이 나빠지면 외국인 근로자를 우선 해고하거나 바이 아메리칸Buy American 정책, 한시적 보호무역 조치 등을 도입하는 보호무역주의 또는 긴급 수입제한 조치safeguard에 대비하기 위해 이와 같은 대책이 도입되었다.

한편 외국인이 자국 내에서 경제활동을 할 때 자국민과 동일한 대우를 제공하는 상호 호혜주의적 조치에는 정부조달과 보조금 제도가 포함된다.

● 정부조달

정부 기관에서 사용하는 상품과 서비스를 국내에서 제공받는 정책으로, 자국의 기술 개발, 중소기업 육성, 고용 증대를 위한 방법으로 활용된다. 외국 제품에 대한 차별 대우와 비관세장벽으로 평가되며, 'WTO 정부조달협정'에서 이러한 문제를 다뤘다.

● 보조금 제도

보조금은 모든 산업 분야에 지급되는데, 농업 분야가 대표적이다. 유럽에서는 농산물 가격 유지, 농가 소득 보전 등의 형태로 농업 보조금을 지급한다. 2012년 OECD 34개 회원국에서 지급된 농업 보조금은 2590억 달러로 GDP의 1% 수준이었다. OECD 회원국의 보조금은 점차 줄어드는 반면, 신흥국의 보조금은 증가하고 있다.

3) 탄소관세와 배출권거래제

온실가스를 감축할 필요성에 따라 차세대 자동차의 개발을 지원하거나 탄소관세carbon tariff 형태로 전개되는 녹색보호주의Green protectionism는 기후변화에 대응한 환경 정책을 표면적인 이유로 내세우는 선진국의 보호무역주의를 말한다. 녹색보호주의는 환경보호라는 명분이 있기 때문에 다른 형태의 보호무역보다 국제사회의 비난을 적게 받는다.

1997년 채택된 '교토 의정서'에 따라 온실가스 의무 감축과 관련해 배출권거래제ETS가 운영되고 있다.

4) 위험물 운송 규정

일반적으로 위험물dangerous goods은 물질 자체의 물리적·화학적·생물학적 성질 또는 서로 다른 두 종류 이상의 물질이 접촉하거나 마찰해 폭발, 인화, 유독, 부식, 방사성, 질식, 발화, 전염, 중합, 동상, 분진폭발 또는 반응 등을 초래해 건강, 안전, 재

운송 수단	국제기구	규칙
해상	국제해상기구 (IMO)	국제해상위험물규칙 (International Maritime Dangerous Goods Code)
항공	국제민간항공기구 (ICAO)	위험물항공운송기술지침 (Technical instructions for the Safe Transport of Dangerous Goods by Air)
철도	국제철도연맹 (OCTI)	국제위험물철도운송규칙 (Regulations concerning the International Carriage of Dangerous Goods by Rail)
도로	유럽경제위원회 (ECE)	국제위험물도로운송규칙 (European Agreement concerning the International Carriage of Dangerous Goods by Road)
내수로	유럽경제위원회 (ECE)	국제위험물내수로운송규칙 (European Agreement concerning the International Carriage of Dangerous Goods by Inland Waterway)

산 또는 환경에 위험을 초래하는 물질이나 제품을 말한다.

위험물은 선박에 구조적으로 설비된 탱크, 화물창 등에 산적된 상태in bulk로 운송되거나 드럼, 캔, 포대, 상자, 배럴, 대형 용기 또는 이동식 탱크 등으로 포장된 형태packaged form로 운송되며, 운송 수단은 해운, 항공, 철도, 도로, 내수면 선박으로 구분된다.

오산의 주한 미군 공군기지에 살아 있는 탄저균을 실수로 보내는 바람에 실험 요원 22명이 노출되는 사고가 발생했다. 미 국방부는 유타Utah주의 군 연구소에서 활성 상태인 탄저균 표본을 캘리포니아California와 메릴랜드Maryland 등 9개 주로 보냈으며, 이 중 한 개 표본이 오산의 주한미군 합동위협인식연구소ITRP로 갔다고 밝힌 바 있다(《한국일보》, 2015년 5월 28일 자). 탄저균은 페덱스Fedex 등 미국의 배송 전문 업체를 통해 전달되었다.

병원성 폐기물을 포함한 유해 폐기물의 국가 간 불법 이동을 관리하는 '바젤 협약Basel Convention'은 1976년에 체결되었다.

5) 제조물 책임

제조물 책임Product Liability은 제조물의 결함으로 소비자에게 끼친 손해를 제조업자가 배상하는 사후 피해 구제 제도다. 이에 반해 리콜 제도는 결함이 있는 제품 등을 미리 회수해 전체 소비자의 위해危害를 방지하는 제도다.

2부

2등의 속성과
2등 극복하기

경제 전문 언론에서는 매년 1등 기업을 발표한다. 포춘 글로벌 500 Fortune Global 500에서는 매출액을 기준으로, ≪파이낸셜 타임스Financial Times≫에서는 기업 가치를 기준으로, ≪포브스Forbes≫에서는 여러 가지 기준을 복합적으로 적용해 기업 순위를 결정한다.

CHAPTER 4 「2등의 속성」에서는 '2등에서 1등이 된다', '1등은 이기기 어렵다', '2등의 속성'이라는 절을 통해 각 내용을 검토하고, CHAPTER 5 「2등 극복하기」를 통해 몇 가지 조언을 하고자 한다.

CHAPTER

....

4

2등의 속성

1. 2등에서 1등이 된다

선발 기업은 시장을 선점할 수는 있다. 그러나 제품 가격
이 비싸거나 소비자 학습을 필요로 하는 경우라면 시장은 불
확실하고 위험은 커진다. 따라서 새로운 시장을 개척하며 불
안정성을 해소해가는 1등의 노력보다 재빠르게 시행착오를
피해가는 2등의 성공 확률이 높다. 2등 기업은 고수익 분야에
특화하거나 발상의 전환 등 성장 전략을 활용해 1등으로 부

상할 수 있다(조원영, 2011).

이제 조원영의 보고서 사례 중 다섯 가지 바이오 분야를 상세히 검토해보겠다.

1) 시리얼 •

시리얼은 옥수수 등을 가공한 식품으로, 우유나 주스를 부어 간편하게 먹을 수 있어 주로 아침 식사 대용으로 사용된다. 시리얼 전쟁은 100년 넘게 진행되고 있다.

시리얼의 상품화는 찰스 윌리엄 포스트Charles William Post가 1895년 포스트Post사를 설립하고, '그레이프넛Grape-Nut'이라는 커피 대용 상품을 출시하면서 시작했다. 이후 포스트사는 1929년 제너럴 푸즈General Foods사로 개명하고, 여러 단계의 인수합병 과정을 거쳐 현재의 포스트 컨수머 브랜즈Post Consumer Brands사가 되었다.

• 이 절에서만 사람 이름과 회사명을 구분하기 위해 회사명 뒤에 '-사'라고 표시했다.

시리얼은 제7일안식일예수재림교에서 운영하던 요양소 배틀 크리크 새너토리엄Battle Creek Sanitarium에서 제공되었는데, 포스트는 그곳에서 요양한 적이 있다. 그래서 포스트가 처방을 훔쳐갔다는 소문이 있기도 하다. 고기와 달걀 위주의 식단에서 비롯된 변비 등의 건강 문제를 개선하기 위해 요양소에서 아침으로 제공한 시리얼은 존 하비 켈로그John Harvey Kellogg 의사에게서 시작되었다. 그는 사업에 대해 별로 열정이 없었으므로, 그가 1895년에 설립한 미국 의학 선교대학교는 1910년 일리노이 주립대학교에 합병되기도 했다.

1897년 켈로그의 동생 윌 키스 켈로그Will Keith Kellogg는 형과 함께 통곡 시리얼을 생산하는 새니타스 푸드Sanitas Food사를 설립했고, 후에 켈로그Kellogg사로 성장했다. 1929년 세계 대공황 당시 공장을 4교대로 운영해, 극빈자에게 시리얼을 무료로 배급하는 적극성으로 1등인 포스트사를 앞질렀다.

포스트사와 켈로그사의 제품 경쟁은 여전히 치열하며, 우리나라에서도 마찬가지다.

2) 콜라

콜라 전쟁도 100년 넘게 진행되고 있지만, 탄산음료에 대한 선호도가 감소하고 있어 이 전쟁은 점차 역사 속으로 사라질 전망이다.

존 펨버턴John Pemberton은 1886년 코카콜라Coca Cola의 원처방인 탄산음료를 개발해 이 소다 음료수를 자신의 연고지에서 판매했는데, 1892년 아사 캔들러Asa Candler가 사업소유권을 인수해 코카콜라사를 설립하고 대중화했다.

1898년 캘렙 브래덤Caleb Bradham 약사는 소화불량을 치료하기 위한 약으로 빵에 곁들일 음료를 개발했고, 이후 펩시콜라 Pepsi-Cola로 개명했다. 펩시콜라사는 1929년 세계 대공황과 설탕을 구할 수 없었던 제1차 세계대전을 거치면서 코카콜라사의 틈새시장을 공략했다. 또한 열세를 극복하기 위해 무리하게 프리토 레이Frito Lay를 인수하려다가 실패하는 등 여러 번 파산 위기에 몰리기도 했다.

그러나 1975년 두 개의 컵에 담긴 콜라를 맛보는 펩시 챌

린지Pepsi Challenge에서 열세를 만회하기 시작해, 1996년 애틀랜타 올림픽에서는 코카콜라 본사가 자리한 그곳에서 "Drink Pepsi, Get Stuff(마셔보고 구매해)"라는 슬로건 마케팅으로 성공을 거둬 코카콜라를 앞서기 시작했다.

3) 캔(깡통)

통조림은 참치·꽁치·고등어, 서양에서는 정어리와 안초비anchovy(멸치보다 큰 생선) 등 생선이나 햄 그리고 복숭아·콩을 원료로 하는 가공식품을 금속제 캔에 넣어 밀봉한 것으로, 병조림canning jar을 개선한 것이다. 병조림은 나폴레옹이 전쟁을 계속하게 하는 원동력 중 하나였다.

1810년 주석으로 도금한 캔tin canister의 특허가 등록되어, 산화되는 철 캔을 대신했다.

1855년에는 갈고리 모양의 캔 따개can opener가 선을 보여 통조림을 좀 더 편하게 딸 수 있게 되었고, 미국인 에즈라 워너Ezra Warner가 1858년에 획득한 캔 따개 특허는 남북전쟁에서 북군에 도움을 주기도 했다. 1888년에는 맥스 엄스Max Ams가 공기를 차단해 부패를 방지하는 이중 밀봉double seaming 방법을 개발했다.

탄산가스로 가압한 탄산음료를 병입하는bottling 왕관 모양의 병마개는 1892년 보틀 실사Bottle Seal가 개발했고, 이 회사는 크라운 콕 앤드 실Crown Cork & Seal사를 거쳐 크라운 홀딩스Crown Holdings사로 개명했다. 크라운crown이라는 명칭은 마개 모양이 왕관과 비슷하기 때문이다.

미국 캔 제조업체 2위 크라운 홀딩스사는 단가 인하 압력으로 도산에 처한 미국의 1위 캔 제조업체 콘티넨탈Continental사를 1990년에 인수해 알루미늄 캔을 제조하면서 미국의 최대 캔 제조업체로 성장했다.

알루미늄 캔 맥주 제품은 1958년 쿠어스 브로잉Coors Brewing사에서 판매를 시작했다. 탄산음료와 같은 가압 제품은 이 외의 식품, 에어로졸 등에도 활용되고 있으며, 콘 톱cone top 모양이나 블로 포밍blow forming(부풀림)으로 성형한 용기에 담긴다.

4) 인슐린

인슐린은 혈중 포도당 농도를 일정하게 유지시키는 호르몬으로, 췌장 베타세포가 분비한다. 후천적인 2형 당뇨와 유전적인 1형 당뇨는 인슐린의 기능이 떨어지는 상태이므로, 당뇨병 환자에게는 인슐린을 평생 공급해 혈당을 조절해야 한다.

인슐린은 21개 아미노산과 30개 아미노산으로 구성되는 2개 펩티드peptide가 결합한 것이다.

인슐린을 경구 투여하면 위에서 소화되어 약효가 없어지므로 주사제로만 투여한다.

1985년 덴마크의 노보 노르디스크Novo Nordisk사는 인슐린 펜 제품을 개발해, 매번 새로운 주사기를 사용해야 하고 인슐린과 주사기를 들고 다녀야 하는 등 여러 가지 불편 사항을 개선했다. 노보 노르디스크는 인슐린 하나만으로 2017년 현재까지 세계 톱 20 그룹에 속해 있다.

인슐린은 지금도 여전히 돼지 췌장에서 추출해 사용하는데, 미국 제넨텍Genentech사가 유전자재조합 기술로 인슐린을 생산함으로써 유전공학(바이오) 시대를 열었다. 현재는 지속형 또는 초속효성 인슐린 유도체, 인슐린 펌프, 이식형 인슐린 등 다양한 기술이 도입되고 있다.

5) CT

컴퓨터 단층촬영은 X선 발생 장치가 있는 원형 틀을 이용해 인체를 가로로 자른 횡단면을 촬영하는 것이다. 영국 EMI는 CT(컴퓨터 단층 촬영기) 기술로 노벨상을 수상했지만, 상용화하지 못했다. 이러한 문제점을 개선한 제너럴 일렉트릭 General Electric: GE은 1978년부터 1위로 올라섰다.

이는 마케팅을 포함한 기술력으로 1위를 차지한 사례다.

기술력 차이가 미미할 때는 애플과 삼성전자의 휴대전화 경쟁처럼 숨 가쁘게 노력해야 한다. 따라서 확고한 기술력이 필요하다.

2. 1등은 이기기 어렵다

페이퍼paper는 파피루스papyrus에서 기원했다.

이집트의 왕 프톨레마이오스 5세Ptolemy V Epiphanes 시대에 알렉산드리아Alexandria 도서관에는 파피루스로 만든 두루마리 책 20만 권이 소장되어 있었다고 한다. 나일강가에서만 자라는 2미터 길이의 갈대를 얇게 저민 뒤 틀에 맞춰 넣고 풀을 발라 압착한 것이 파피루스다. 노예들이 많은 양의 파피루스를 생산했기 때문에 다른 생산방법을 개발할 필요가 없었다. 이로부터 300년이 지난 105년에 중국에서 종이를 생산했고, 후세인들은 중국에서 종이가 시작되었다고 말한다. 자원이 풍족하면, 즉 공급이 과잉되면 미래를 대비하지 않다가 외부 충격에 의해 몰락하고 마는 '풍요의 덫'의 대표적인 사례다.

시장 여건이 어려워지면 경쟁력이 약한 기업은 타격을 받는다. 상황이 더욱 악화되면 2등, 3등 기업이나 후발 주자들이 얻을 수 있는 시장의 몫은 더욱 작아지기 때문에 이들은 시장에서 퇴출된다. 이때 1등 기업은 시장에서의 위치를 더욱 강화할 수 있다.

2017년 사드THAAD를 핑계로 상품 통관을 지연시키거나 취소한 중국의 사례에서 볼 수 있듯이, 이런 상황은 국가 간 무역에도 적용된다.

2015년에 자동차 판매 대수로 세계 1위에 올라선 폭스바겐은 같은 해 9월 디젤차 배기가스 저감 장치 소프트웨어로 이산화탄소 배출 수치를 조작했다는 스캔들 때문에 1위 자리를 지키기가 어렵게 됐다. 이와 같은 1등의 저주는 2012년부터 3년 동안 자동차 판매 대수로 세계 1위에 올랐던 도요타에서도 나타났다. 미국산 가속 페달 부품의 결함 때문에 대량 리콜이 발생했고, 벌금 12억 달러를 물게 되어 1위 자리에서 물러났다.

1등의 저주는 1등이라는 자부심이 자만으로 바뀌는 순간에 일어나며, IT 분야에서는 1990년대 모토롤라와 2011년 노키아Nokia가 대표적인 사례다.

이처럼 1등은 이기기 어렵다. 그러나 2등의 속성을 파악하고 이를 극복하면 가능해진다.

3. 2등의 속성

우리는 「독자들에게: 2등 바이오를 위하여」에서 언급한 "돼지 농장에서 풍겨나는 고약한 냄새가 고속도로를 덮고 있고, 매년 발생하는 적조에 무작정 황토물만 쏟아붓고 있다"와 같은 당면 과제를 여전히 해결하지 못하고 있다. 이런 현상은 외국에서 흔히 발생하지 않기 때문에 외국에서 적절한 대책이 발표되려면 오랜 세월을 기다려야 한다.

2등followers은 단순히 후발 주자를 의미하는 것이 아니다. 넛크래커 상태에 있으므로, 후발 주자의 추격에도 쫓기고 있다.

2등의 속성은 어떤 것일까?

첫째, 2등은 실패를 두려워한다.

그림 '한국 특허에서 나타난 후발 주자의 연구 특성'은 「독자들에게」에서 언급한 필자의 자서전 『정교민의 바이오(생명공학)』 84쪽에 수록된 것으로, 원출처는 『생명공학산업의 기술혁신패턴 및 전개 방향』(과학기술정책연구원, 1999)이다.

1975년부터 1998년까지 바이오 분야의 한국 특허 공개 건

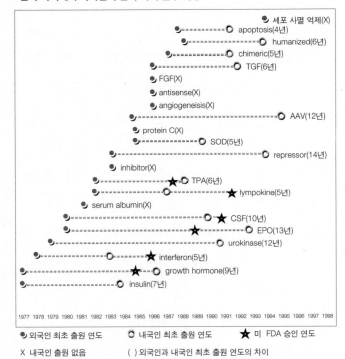

수는 4259건이다. 인슐린, 성장호르몬, 인터페론 등 각각의
바이오 의약품 아이템을 대상으로, 외국인이 한국에 최초로
출원한 연도, 한국인이 최초로 출원한 연도, 외국인과 한국인

출원 연도 간의 격차와 아이템이 FDA에서 승인된 연도를 정리했다.

성장호르몬의 경우 외국인의 최초 출원 연도는 1977년, 한국인의 최초 출원 연도는 1986년으로 9년의 격차를 보이며, 미국 FDA에서는 1984년에 성장호르몬을 승인했다. 인터페론의 경우 외국인의 최초 출원 연도는 1978년, 한국인의 최초 출원 연도는 1983년으로 5년의 격차가 있으며, 미국 FDA는 1986년에 이를 승인했다. EPO의 경우 외국인의 최초 출원 연도는 1980년, 한국인의 최초 출원 연도는 1992년으로 격차는 13년이며, 1988년에 미국 FDA에서 승인했다. 인슐린이나 우로키나제urokinase는 FDA에서 승인된 지 오래된 아이템이다.

이처럼 외국이 물질특허로 개발하고 임상 시험에 착수하는 시점에 한국인은 겨우 연구를 시작하는 것으로 나타났다. 따라서 실패할 확률은 낮다. 이와 같은 경향은 2015년 기준으로 한국의 제약 기업이 제네릭과 바이오시밀러에 집중하는 것과 궤를 같이한다. 그러나 성공하더라도 작은 조각의 파이만 얻을 수 있다.

이렇게 행동하는 원인은 무엇일까? 이 아이템들은 예측 가능한 범위에 속한다. 다시 말해 남이 보여주지 않으면, 무엇이 돈이 되는지를 모른다는 말이다.

둘째, 2등은 비겁하게 앞장서지 않고 뒤를 따르면서 요행을 바란다. 예측이 가능한데도 새롭게 투자하지는 않고, 내가 손해 보지 않기 위해 남의 피해에 대해 눈을 감는다.

세월호 사건이나 유치원 및 학원 차량 사고 등이 잇따르면서 안전사고 예방 대책이 마련되었다. 재난·재해나 심폐소생술 교육을 학교에서 실시하고 있다. 그러나 학원 차량에서 안전띠를 매는 등의 생활 속 안전 교육은 여전히 부족하다고 한다(〈EBS 뉴스〉, 2017년 5월 16일). 2016년 11월부터 2017년 4월까지 고병원성 조류인플루엔자로 전국에서 사육하는 닭 중 35% 즉 946농가의 3787만 수가 살처분되었고, 피해액도 1조 2000억 원에 달했다. 이 때문에 달걀을 외국에서 수입하고 있으며, 2017년 5월에는 오리에까지 AI가 확산되었다.

셋째, 친척이 땅을 사면 배가 아프다는 속담과 같이, 2등은 단기적인 시각에서 돈만 좇는다.

니제르 식량생산사무국ONPVN: Office National des Products Vivriers du Niger을 민영화하자 이 기관에 속해 있는 화물차 운전사들은 길이 나쁜 비포장도로나 안전하지 않은 길을 기피했고, 결과적으로 1만 곳이 넘는 마을과 유목민 캠프가 도움에서 소외되었다(지글러, 2007).

다국적 제약 회사의 신약을 위탁 판매하려는(코마케팅 제휴라고 한다) 국내 제약 회사의 경쟁이 치열하다. 따라서 판매 수수료를 포기하더라도, 상대방 제약 회사에 대상 신약을 넘기지 않으면서 신약으로 회사의 매출을 높이려는, 제 살 깎아 먹기 경쟁을 감수하고 있다(≪아이팜뉴스≫, 2017년 3월 3일 자).

넷째, 2등은 자존심 때문에 컨설팅을 거부한다. 유명한 골프 선수나 테니스 선수도 코치를 받는다. 더 나은 나를 위해서다.

그러나 2등은 자문(컨설팅)을 거부하거나, 아니면 좀 더 저렴하게 활용하려고 한다. 이와 같은 행위는 스스로 2등이라는 생각이 마음속에 자리 잡고 있기 때문이다. 초기에 반짝한다고 사업이 완성되는 것이 아닌데, 대학에 가기 위해 열심히 공부했던 트라우마에서 벗어나고 싶은 것일까?

회사의 특급 업무인 특허, 홍보, IR, 대관 업무는 소규모 인원으로 운영해왔다. 따라서 일이 많아 담당하던 직원이 그만두기라도 하면 회사의 업무 자체가 마비된다고 한다(≪메디파나뉴스≫, 2017년 3월 20일 자). 또한 해당 분야의 경력 사원은 구하기조차 어렵다고 하니, 취직하기 어려운 현실에서 과연 행복한 고민일까?

2015년 6월 14일 기준으로 한국의 메르스 환자는 145명이었고, 이 중 삼성서울병원을 통해 직간접으로 메르스에 감염된 환자는 72명이었다. 한국 최고의 병원이라고 자만했던 삼성서울병원에서는 마스크를 착용하지 않아 의사나 간호사가 아닌 응급 이송 요원까지 감염되었다. 격리 대상 인원을 최소화하면서 메르스 오염 사실을 축소하는 등 결과로 나타난 현상을 보면 공공 보건보다는 수익과 효율을 더 중시하는 경영 풍토가 작용했다는 것을 알 수 있다(≪조선일보≫, 2015년 6월 15일 자).

다섯째, 경험을 중요하게 생각하지 않아 경험 단절이 일어난다.

한국에 바이오가 도입된 지 햇수로 30년을 넘어서니, 바이오산업에 신규 진입한 것이 아니다. 농업의 역사가 오래된 것과 같이, 바이오는 새롭게 성장하는 산업이 아니다. 이미 R&D 지원과 관련 법규 등 시스템까지 완비된 상태다. 한국은 삼면이 바다로 둘러싸여 있고 북쪽은 DMZ로 막혀 있어 방역이 오히려 수월한데도 매년 구제역이 발생한다. 시스템은 존재하지만, 정상적으로 운영되지 않는다는 의미다.

R&D 지원 시스템의 시작은 '수입 대체'였다. 또한 "선택과 집중"이라는 명제 또한 정치적으로 작용된다. 이와 같은 예측 가능한 전략은 과제 수행자는 물론이고 정책 집행자에게도 유리하게 작용하므로, 이 전략은 지금도 활용되고 있다.

제도와 시스템은 마련되어 있으나, 시스템에 참여하는 인력은 마치 마피아 조직처럼 그들만의 리그를 운영한다. 따라서 동료 평가peer review의 신뢰성을 기대할 수 없다. 일 처리 방식의 원칙이 무시되는 것이다.

과제 운영 기간이 오래되니 참여 인원이 늘어나고 "성과에 대한 1인당 공헌도가 오히려 낮아진다"라는 독일 심리학자

막스 링겔만Max Ringelmann의 지적처럼 산업화 사례도 기대만큼 나타나지 않는다.

또한 대학과 출연 연구 기관의 R&D를 지원하는 프로젝트 규모도 중소기업 규모로 커져, 벤처기업 운영에 도움이 되도록 책임감 있게 연구하기보다 보고서만 마무리하는 연구자들을 양산해내고 있다. 거버넌스가 증가하고 이를 관리하기 위해 성과를 평가하기보다 경영 기법이 우선적으로 도입되어 프로젝트 개념도 변화하고, R&D도 정부에 의존하도록 왜곡되고 있다. 프로젝트 개념의 변화는 축적된 경험이 전수되는 것을 차단한다.

위원회 회의록과 설문 조사 내용을 근거로 삼아 보고서는 결론을 내린다. 산업이 흘러온 상황을 파악하지 않는 것이다. 바이오 분야 경험자들의 경험도 반영되지 않는다. 아니, 될 수가 없다. 2014년 노벨 생리의학상 수상자인 캘리포니아 대학교 버클리 캠퍼스의 랜디 셰크먼Randy Schekman 교수가 지적했듯이, 저명 학술지가 연구자들을 최신 유행의 과학 분야만 뒤쫓도록 유도하고 있다(Sample, 2013).

여섯째, 양보하지 않는다.

해답 편에서 설명할 농업 경시 현상 외에 또 다른 이유를 찾아보자. 점심시간을 앞둔 오전 11시 반에 대전에서 동서울로 가는 중부고속도로의 서청주 IC부터 일죽 IC까지 2차선 구간을 운전하다 보면 저속으로 운전하는 트럭을 추월하려는 트럭들이 추월 차선을 차지하고 있으며, 이들을 피하면 추월 차선을 차지하고 정속으로 주행하는 (아마 자기는 교통법규를 준수하고 있다고 자부할 범법자들이 모는) 승용차들을 만나게 된다. 이런 현상은 고속도로뿐 아니라 일반 도로에서도 경험할 수 있다. 더욱 화나게 하는 것은 추월하지도 않으면서 앞차를 쫓아가는 자동차들이다. 이 운전자들에게는 자신이 확보한 권리를 포기하지 않겠다는 심리가 깔려 있는 듯하다.

야간이나 비가 내리는 날이면 고속도로 휴게소의 장애인 주차 구역이 가득 찬다. 그중에는 장애인 주차 구역에 주차하기 위해 주차 허가 표지를 부착한 일반인의 자동차도 눈에 띈다. 확실히 정신적 장애인을 포함해 장애인이 되고 싶은 사람들이 늘어나고 있다.

이처럼 추월선인 1차선을 달리는 교통 위반이나, 장애인 주차구역에서 일어나는 주차 위반 등이 명백한 범법 행위인데도 한번 잡은 유리한 기회는 놓치지 않으려 한다. 한 걸음 더 나아가 장애인 주차 표지판을 달고 있는 자동차 운전석에서 사지가 멀쩡한 운전자가 내리는 모습을 보면서(이때 사용하는 장애인 주차 표지판이 별도로 있다) 어찌 정신적 장애인이라고 부르지 못하겠는가?

F1 자동차 경기를 구경하다 보면, 백 마커back marker(뒤처진 운전자)에게 파란색 깃발blue flag을 흔들어 선두 그룹이 추월할 수 있게 길을 내주도록 한다. 이처럼 파란색 깃발을 흔드는 조정자가 필요한 것인가?

이러한 상황을 개선하기 위해 최근 방송에서는 '배려'를 강조하고 있지만, 배려라는 표현은 사치라고 생각한다. 배려란 야구 시합에서 투수가 수신호를 잘 볼 수 있도록 포수가 손톱에 매니큐어를 바르는 것이다. 해외여행이 빈번한 오늘날, 최소한 미국 도로에서의 양보만이라도 지켜지기를 기대한다.

CHAPTER

5

2등 극복하기

바이오 사업 아이템은 전문 서적 등 많은 책에 소개되어 있다. 사업은 기술력으로만 구성되는 것이 아니므로, 생물학을 공부하더라도 경제학에 도전하기 바란다. 사업 경영은 또 다른 문제다. 경쟁이 치열해 아이템을 개발하는 목표도 매일 변화한다.

제도 등을 검토하면서 관련 업무를 담당할 수 있는 직업이 무엇인지 아이디어를 확보했으리라 생각한다. 미래유엔포럼의 박영숙 대표가 발표한 '미래학자가 귀띔하는 유망 직업 7'

(≪한국경제매거진≫, 2014년 9월)의 일부를 소개한다.

① 안개 집수 기술과 관련해 물 수확 최적지 임대 관리자, 물
   시스템 설계자, 물 공급 전환자, 물 정화 모니터 전문가,
   영향 평가자 등

   안개 집수 기술은 안개가 많은 지역에 나노 그물망을 설
   치하고, 그물망에 공기 중의 물방울 입자를 닿게 해 물을
   모으는 기술로서 콜롬비아, 과테말라 등에서 운영되고 있
   다. 캐나다의 포그퀘스트FogQuest가 개발한 기술이다.

② 목표 자아와 관련해 목표 자아 평가사, 결핍 분석가, 스킬
   측정자, 바이오 폐기물 최적화 전문가 등

   몸의 정보를 수치화하는 기기를 착용해 수시로 건강을 관
   리하는 것으로, 병원에 가지 않고 심전도, 당 수치 등을 점
   검해 운동량, 식사량 등을 조절한다.

③ 미래의 스포츠와 관련해 시뮬레이션 전문가, 신체 수정
   윤리학자, 선수 자격 분석가, 슈퍼베이비 디자이너 등

   스포츠 능력에 최적화된 신체를 가진 아이가 태어나고,

야외 골프장이 아닌 '스크린 골프장'에서 시뮬레이션 기
기로 훈련한다.

④ 3D 프린터와 관련해 소재 전문가, 설계 엔지니어, 입체영
상 설계자3Dimensionalists, 음식 프린터 요리사, 3D 의류 패
션디자이너 등

4차 산업혁명에 대비하기 위해 2017년 3월 고용노동부는
로봇 기구 개발 기사, 로봇 소프트웨어 개발 기사, 로봇 제어
하드웨어 개발 기사, 3D 프린터 개발 산업 기사, 3D 프린터
전문 운용사, 의료 정보 분석사, 바이오 의약품 제조 산업 기
사, 바이오 의약품 제조 기사, 바이오 화학제품 제조 산업 기
사, 태양열 에너지 생산기술 기사, 연료전지 에너지 생산기술
기사, 해양 에너지 생산기술 기사, 폐자원 에너지 생산기술
기사, 환경 위해 관리 기사, 방재 기사 등 17종의 국가 기술
자격을 신설했다.

이 외에 고령자 생존 기술 전문가, 라이프스타일 주거 디
자이너, 노화 전문가, 미래 농업 전문가, 도시 농업 경영자,

식물 심리학자, 식물 치료사, 식물·나무 교잡 전문가 등을 소개했다.

불행하게도 약육강식의 세계화 시대에는 2등을 약자라고 봐주지 않는다. 2등 국가가 안고 있는 문제점은, 쇠퇴하는 노동 집약적 산업이 저노동력 국가로 이전되면서 산업 경쟁력이 저하된다는 점이다. 또한 인구가 고령화되어 생산 가능 인구도 감소해 빈부 격차가 심화되고 저축률도 낮아져 양적 투입 확대를 통한 성장을 기대하기 어렵다는 점이다.

연구자는 신념을 굽히지 마라

2009년 미국 일리노이 대학교의 프레드 쿠머로Fred Kummerow가 낸 트랜스지방 사용 금지 탄원은 묵살되었다. 그러나 2013년 미국 보건부와 FDA를 상대로 소송을 제기해 그가 100세가 되던 2015년 6월 FDA는 가공식품 제조 공정에서 트랜스지방의 퇴출을 결정했다.

중국전통의학연구원의 투유유屠呦呦는 말라리아 특효약 아르테미시닌artemisinin을 발견한 공로로 2015년 노벨 생리의학상을 받았다. 투유유 교수의 상대적으로 평범한 이력도 대중의 이목을 끌었다. 그는 박사 학위, 외국 유학 경험, 원사 호칭 등 세 가지가 없는 '삼무三無 과학자'로 유명하다. 그는 중국에서 과학 분야 최고 권위자에게 수여하는 명예 호칭인 원사 선정에 신청했으나 수차례 낙선했으며, 베이징 의과대학교 출신으로 순수 국내파다(≪아주경제≫, 2015년 10월 15일 자).

『정교민의 바이오(생명공학)』에서는 22년간 녹차 카테킨을 연구해 의약품으로 허가받은 중국 청수췬程書鈞 원사를 소개한 바 있다. 그가 1984년 녹차 카테킨이 피부 종양을 억제한다는 것을 발견했는데, 특허 출원 비용이 없어 일본 미쓰이三井 농림의 지원으로 1998년 미국에서 특허를 출원했다. 1999년에는 독일 메디젠MediGene사와 임상 시험을 진행해, 2006년 10월 유두종 바이러스 감염에 따른 곤지름 치료용 베러겐Veregen(상품명) 연고로 미국 FDA의 허가를 받았다. 한약재를 의약품으로 허가받은 첫 번째 사례다.

현재 운영하고 있는 평가 제도로는 연구를 계속하는 것이 불가능하므로, 이런 연구를 계속할 수 있도록 지원하는 제도

가 필요하다. 창의적인 아이디어도 마찬가지다. 이것을 탈피
해야 2등을 벗어날 수 있다.

다양하다는 것은 이제까지 경험해보지 못한 것을 의미한다

1980년대, 한국에서 바이오가 시작될 그 시점에 미국의 전
문가들은 '한국적인 것'에 집중하라고 충고했다. 당시 한국은
'한국적인 것'을 파악하지 못했고, 지금도 마찬가지다. 단순
하게 '새로운 것'이 '한국적인 것'은 아니다.

다행히 2등은 시스템보다 천재의 등장에 따라 돌파가 가능
하다.

전문가라고 일컬어지는 사람들은 내가 모르면 남도 모를
것이라고 판단한다. 기존 조직에서 받아주지 않는 신규 진입
자에게 기회를 제공하려는 노력이 필요하다.

미국 스크립스 연구소의 리처드 러너Richard Lerner는 2010년
4월 29일 제44회 한림심포지엄 기자회견에서 인력과 기술력
을 통합·조율하는 역할을 정부가 담당해야 한다고 지적한 바
있다(≪메디팜스투데이≫, 2010년 4월 29일 자). 나는 새롭게 제안

한다. 한국의 공무원 숫자는 적지 않고 벤처기업의 당면 문제는 수도 없이 많다. 공무원 한 사람 한 사람이 벤처기업 하나 하나에 관심을 기울여 애로 사항을 해결할 수 있다면, 벤처기업의 생존율도 높아질 것이라고 생각한다.

이와 관련해 실험 결과가 있는 것은 아니지만, 때로는 큰 꼭지를 만들어 틀에 집어넣는 것이 아니라 상향식의 운영 방법을 도입할 필요가 있다.

2등만이 할 수 있는 노력

영국의 스완지Swansea에 위치한 의료용 거머리 생산 기업 바이오팜 UKBiopharm UK는 1812년 설립되었고, 지금까지 세계적으로 독보적인 위치를 차지하고 있다. 독일의 경영학자 헤르만 지몬Hermann Simon의 정의에 따르면, 이러한 기업은 히든 챔피언hidden champion이다. 세계 시장점유율이 1~3위이면서 일반 대중에게 잘 알려져 있지는 않으나 세계적 경쟁력을 갖춘, 규모는 작지만 강한 기업을 일컫는다. 1등 제품의 개념인 명품·장수 제품은 이 책의 CHAPTER 2 「IT와 연계한 바이오의 특징」의 1절 '산업화 아이템'에서 언급했다.

또 다른 사례를 살펴보자.

2002년 복어 유전체를 해독해 발표한 싱가포르의 과학기술연구소 A*STAR: Agency for Science, Technology and Research 는 세계적인 연구기관으로 발돋움했다.

2007년 2월 태국의 시리라즈Siriraj 병원은 샴쌍둥이Siamese twin 분리 수술에 성공했고, 이로써 태국의 의료 관광이 시작되었다.

여전히 갈피를 잡지 못하는 우리의 1등 사례

이 책의 마지막에 도달했다.

2015년 10월 토성의 위성 엔켈라두스Enceladus을 지나던 NASA 탐사선 카시니Cassini가 남극에서 수증기가 뿜어져 나오는 것을 관찰했다. 연구 팀은 이 수증기 자료를 분석해, 남극의 얼음층 아래 마그마로 덥힌 열수가 열수구熱水口, hydrothermal vent를 통해 뿜어져 나왔고, 따라서 생명체의 존재 가능성이 높다고 2017년 4월 ≪사이언스Science≫에 발표했다. 그러나 우리나라의 생물학이나 바이오산업 소식지 어디에도 이 기사는 실리지 않았고 관심도 없었다. 물론 모든 현상에 관심을 쏟는 것은 무리다.

우리도 1등을 하는 바이오 분야가 있다.

한타바이러스hantavirus는 한탄강에서 분리한 바이러스로, 유행성출혈열을 일으킨다. 그런데 이 바이러스 유전체 특허는 미국 육군이 가지고 있다[미국특허등록 5,298,423(1994), 미국특허등록 5,614,193(1997)].

김치, 인삼도 세계화 과제를 진행하고 있다. 그러나 독점적 지위에까지 올라서지 못했다. 어떻게 나아갈 것인지 여전히 모르기 때문이다.

잘 모르겠으면 충분한 비용을 지불하고라도 자문(컨설팅)을 받으시길. 또한 그 사업을 포기하라는 것도 미래의 손실을 보상받는 중요한 자문임을 깨달아야 할 것이다.

참고문헌

노한상. 2013. "바이오디젤 의무 사용비율 상향, 필리핀 코코넛산업에 영향은?" KOTRA.

농촌진흥청. 2014. 「우주식의 현황과 재해식으로의 활용」. ≪World Focus≫, 43호.

블레이저, 마틴(Martin Blazer). 2014. 『인간은 왜 세균과 공존해야 하는가』. 서자영 옮김. 처음북스.

세들라체크, 토마스(Tomáš Sedláček). 2012. 『선악의 경제학』. 노은아·김찬별 옮김. 타임컨텐츠.

슈피처, 만프레드(Manfred Spitzer). 2013. 『디지털 치매』. 김세나 옮김. 북로드.

이정동. 2015. 『축적의 시간』. 지식노마드.

정교민. 2016. 「대변이식과 대변은행」. ≪과학기술정책≫, 26권 7호, 14~15쪽. ·

조원영. 2011. 「2등 기업에서 배우는 성장 전략」. ≪SERI 경영노트≫, 99호. 삼성

경제연구소.

중국 상무부. 2014.4.29. "설탕 가격 폭락에 관한 대책 발표: 500만톤의 설
　　　탕 임시 매입 결정". 중국식품과기넷.

지글러, 장(Jean Ziegler). 2007. 『왜 세계의 절반은 굶주리는가?: 유엔 식량특별조
　　　사관이 아들에게 들려주는 기아의 진실』. 유영미 옮김. 갈라파고스.

≪한국경제매거진≫. 64호. 2014.9. "미래학자가 귀띔하는 유망 직업 7".

≪경향신문≫. 2014.8.18. "'소득 낮을수록 비만율 높아' … 건강불평등 심화."

≪뉴스1≫. 2012.12.26. "꽃매미·가시상추, 생태계교란 야생생물로 지정…
　　　총 18종으로 늘어나."

≪뉴시스≫. 2013.6.2. "간단한 식초 테스트로 7만명의 목숨을 자궁경부암
　　　으로부터 구할 수 있어".

≪메디파나뉴스≫. 2017.3.20. "잘하는 직원 한명 퇴사하면 회사 전력 흔들-
　　　시스템 강화 시급".

≪메디팜스투데이≫. 2010.4.29. "정부, 바이오산업 육성 위해 조율자 역할
　　　해야".

≪사이언스 타임스≫. 2010.12.16. "임상실험에 얽힌 거대 제약사의 속내".

＿＿＿. 2013.9.13. "비아그라 생물들의 멸종 사태".

≪아이팜뉴스≫. 2017.3.3. "국내제약, 부처님 손바닥 '손오공'?".

≪아주경제≫. 2015.10.6. "중국 노벨 생리의학상 첫 수상에 '환호', 리커창
　　　도 축하메시지".

≪연합뉴스≫. 2014.7.30. "유통기한 지난 中 닭고기 파문으로 日 맥도날드 직격탄".

_____. 2015.11.3. "강진 피해 파키스탄 장기 불법적출 극성".

≪원예산업신문≫. 2014. 6.13. "국내 종자산업의 현황과 실태". 국립원예특작과학원.

≪조선일보≫. 2015.5.22. "[깨알지식] 쓰레기 버린 사람 얼굴 DNA로 복원했다는데 ……".

_____. 2015.6.15. "국민을 위험에 빠뜨린 삼성서울병원의 수익 우선 경영".

≪한국일보≫. 2015.5.28. "탄저균에 노출된 22명 감염 증상 없다지만".

EBS1 저녁뉴스. 2017.5.16. "행동 안 되는 생활안전교육-과제는?"

JTBC 뉴스, 2015.11.12, "커피 한 잔에 132 *l* … 당신이 오늘 남긴 '물 발자국'은?"

KBS1. 2015.2.7. 〈세계는 지금〉.

YTN. 2015.9.7. "인도네시아 산불 연무피해 확산 … 일부지역 '비상사태' 선포".

Amadi, Beatrice et al. 2002. "Effect of nitazoxanide on morbidity and mortality in Zambian children with cryptosporidiosis: a randomised controlled trial." *The Lancet*, Vol.360, No.9343, pp.1375~1380.

Boscoe, Francis et al. 2014. "The relationship between area poverty rate and site-specific cancer incidence in the United State." *Cancer*, p.2191.

Buncombe, Andrew and Nina Lakhani. 2011.11.14. "Without consent: how drugs companies exploit Indian 'guinea pigs.'" *Independent*.

Claes, P. et al. 2014. "Toward DNA-based facial composites: Preliminary results and validation." *Forensic Science International: Genetics*, Vol.13, pp.208~216.

Cohen, Jon. 2015. "Give us your best pitch." *Science*, Vol.348, pp. 1194~1195.

Daily Mail. 2013.1.24. "Burger King's 'cover-up' over horse meat scandal: As chain dumps millions of 'unaffected' patties, Labour warns of cancer-causing drug found in UK abattoirs."

Doel, Kees van den and Gerd Junne. 1986. "Product substitution through biotechnology: impact on the third world." *Tibtech*, Vol.4.

EurekAlert!. 2013.2.6. "Scientists identify genetic mechanism that contributed to Irish Famine."

Food and Agriculture Organization of the United Nations. 2013. *Edible Insects: Future Prospects for Food and Feed Security*.

Foodsafety Magazine. 2015.9.3. "Is the civil justice system the best protector against unsafe food?"

Global Biodiversity Outlook 3. 2010. "Secretariat of the Convention on Biological Diversity."

Guardian. 2010.12.9. "WikiLeaks cables: Pfizer 'used dirty tricks to avoid clinical trial payout'."

Hung, William W. et al. 2011. "Recent trends in chronic disease, impairment and disability among older adults in the United States." *BMC Geriatrics*, 11, p.47.

Jacob, Sharon and Shehla Admani. 2014. "iPad-Increasing Nickel Exposure in Children." *Pediatrics*, 134(2), pp.580~582.

Jambeck, Jenna R. et al. "Plastic waste inputs from land into the ocean." *Science*, pp.768~771.

Kuhrt, Nicola and Peter Wensierski. 2013.5.14. "Deadly Side Effects: New Details Emerge in East German Drug Test Scandal." *Spiegel*.

Kummu, Matti et al. 2012. "Lost food, wasted resources: global food supply chain losses and their impacts on the freshwater, cropland, and fertilizer use." *Science of the Total Environment*, Vol.438, pp.477~489.

Kuo, Lily. 2013.12.10. "Livestock companies are competing over who can offer the safest meat in China." *Quartz*.

Lally, Robin. 2015.7.23. "Overeating Caused By Hormone Deficiency in

Brain?" *Rutgers Today.*

Lovett, Richard. 2010.11.12. "Wastewater chemicals dampen fish fervour." *Nature News.*

Marris, Emma. 2014. "Fate of ocean plastic remains a mystery: Surveys find less marine microplastic than expected." *Nature News.*

Mekonnen, M. M. and A. Y. Hoekstra. 2010. *The green, blue and grey water footprint of farm animals and animal products.* Vol.1: Main report.

Milmo, Cahal. 2014.4.4. "Bananageddon: Millions face hunger as deadly fungus Panama disease decimates global banana crop." *The Independent.*

Myers, Samuel S. et al. 2015. "Effect of increased concentrations of atmospheric carbon dioxide on the global threat of zinc deficiency: a modelling study." *The Lancet Global Health*, Vol. 3(10), pp.639~645.

Newshub. 2016.8.26. "Portable laboratory device a breakthrough for field work".

Ostrander, Madeline. 2015.6.4. "What poverty does to the young brain?" *The New York.*

Oxfam. 2013.10.23. "Who has benefited from high rice prices in Vietnam?"

Sample, Ian. 2013.12.9. "Nobel winner declares boycott of top science journals." *Guardian*.

Sapp, Meghan. 2014.11.18. "ISU study says ILUC models not showing the real picture." *Biofuels Digest*.

Shadbolt, Peter. 2014.4.2. "Hong Kong's fish farms in the sky." BBC News.

UN Population Fund. 2012.6. *Impacts of population dynamics, reproductive health*.

UNEP. 2000.4. "Sustaining life on Earth." The Secretariat of the Convention on Biological Diversity.

Vredenburg, Vance T. et al. 2013. "Prevalence of Batrachochytrium dendrobatidis in Xenopus Collected in Africa(1871-2000) and in California(2001-2010)." *PLOS ONE*.0063791.

Zhang, Qiang et al. 2017. "Transboundary health impacts of transported global air pollution and international trade." *Nature*, Vol.543, pp.705~709.

Yamamoto, Dale H. 2013. "Health Care Cost - From Birth to Death." Health Care Cost

저자가 작성한 보고서

박재혁 외. 1997. 「생명공학 기술혁신 전략 연구」.

안두현 외. 1998. 「생명공학산업 벤처기업 동향조사」.

안두현·정교민. 2000. 「생명공학산업의 기술혁신패턴 및 전개 방향: 한국특허를 중심으로」.

안두현 외. 2000. 「농업 신기술의 투자가치분석: 씨감자 생산기술을 중심으로」.

안두현·정교민. 2001. 「유전체연구의 전략적 대응방안」.

이경광 외. 2001. 「형질전환 동·식물 유래 의약품 및 간세포 유래 의약품의 관리-평가 지침 제정에 관한 연구」.

안두현 외. 2002. 「한의약 연구사업의 투자전략 연구」.

장호민 외. 2002. 「세계 식물생명공학 기술개발 동향분석 및 식물유전자원 이익공유에 대한 국가 대응방안에 관한 연구」.

김석관 외. 2005. 「바이오장기 기술개발 및 산업화 동향: 이종장기와 줄기세포 분야의 특허 분석을 중심으로」.

박상철 외. 2006. 「고령사회 삶의 질 향상 과학기술 추진방안」.

안두현 외. 2006. 「산림과학기술 기반구축에 관한 연구」.

정교민. 2006. 「산업용 유전자변형생물체의 개발, 이용 현황 및 전망」.

안두현 외. 2006. 「우리나라 재생의학의 기술경쟁력 평가: 특허분석을 중심
　　　으로」.

민철구 외. 2007. 「미생물산업의 국가연구개발 전략」.

조황희 외. 2008. 「프론티어연구성과 활용확산 지원사업의 발전방안 수립」.

안두현 외. 2008. 「지역별 건강·의료산업 활성화 및 신성장동력 육성방안 연구」.

안두현·정교민. 2009. 「배아줄기세포 R&D 정책 동향과 시사점」.

정교민. 2009. 「주요국 LMO 안전관리체계 비교연구」.

_____. 2009. 「줄기세포은행 운영방안에 대한 제안」.

안두현 외. 2009. 「국립산림품종관리센터의 중장기 발전전략수립, 국립산림품
　　　종관리센터」.

_____. 2011. 「2010년도 농업연구개발사업의 진단·분석」.

_____. 2011. 「발효미생물 종가 프로젝트 예비타당성 추진을 위한 사업계획
　　　보완 및 타당성 분석」.

서지영 외. 2011. 「전염성 동물질환에 대한 과학기술적 대응방안」.

안두현 외. 2011. 「참다랑어 양식 산업화 단계별 가치평가연구」.

안두현·정교민. 2012. 「미국특허 연속출원제도와 이를 활용한 특허권 확보 노력」.

안두현 외. 2013. 「희귀질환연구개발사업 중장기 추진전략 및 세부사업 기획」.

안두현·정교민. 2013. 「재생의학에서의 3D 프린팅 기술 전망」.

안두현 외. 2013. 「전북과학기술원 설립을 위한 세부사업계획 수립 및 타당

성 분석」.

안두현·정교민. 2014. 「2011년도 중국공개특허에 따른 중국 바이오 동향」.

_____. 2014. 「지속가능한 DMZ 세계평화공원: 과학기술적 접근방안」.

정교민. 2015. 「R&D 모라토리엄: 바이오분야 사례」.

지은이

정교민(鄭敎民)

학력
1971.3~1975.2   서울대학교 문리과대학 미생물학과
1975.3~1977.8   서울대학교 자연과학대학 석사
1987.3~1992.12   한국과학기술원 생물공학과 박사과정 중퇴

경력
1976.1~1991.10   태평양화학 기술연구소 생명공학연구실장
1982.10~1983.10 미국 워싱턴 주립대학교 객원연구원
1986~1991.10   한국유전공학연구조합 특허소위 간사
1994.6~1999   생명공학연구소 특허고문
1999~현재   과학기술정책연구원 위촉연구원
1992.10~현재   Clearinghouse Network 대표

저서
『생명공학과 특허』(1991)
『특허분석과 기술가치』(2000)
『정교민의 바이오(생명공학)』(2010)
『합법적 자살』(2017)

블로그
clearinghouse@naver.com

2등 바이오를 위한 지침서

ⓒ 정교민, 2017

지은이 ㅣ 정교민
펴낸이 ㅣ 김종수
펴낸곳 ㅣ 한울엠플러스(주)
편　집 ㅣ 최진희

초판 1쇄 인쇄 ㅣ 2017년 10월 16일
초판 1쇄 발행 ㅣ 2017년 10월 31일

주소 ㅣ 10881 경기도 파주시 광인사길 153 한울시소빌딩 3층
전화 ㅣ 031-955-0655
팩스 ㅣ 031-955-0656
홈페이지 ㅣ www.hanulmplus.kr
등록번호 ㅣ 제406-2015-000143호

Printed in Korea.
ISBN 978-89-460-6384-6 03320

※ 책값은 겉표지에 표시되어 있습니다.